はじめてでもかんたん！朝ラク♪

つくりおき 園児のおべんとう

料理家・管理栄養士
新谷友里江

西東社

はじめに

毎日幼稚園や保育園でがんばっている子どもにとって、お母さんやお父さんの手作りのおべんとうを食べる時間はとてもうれしく、ホッと安心できるひとときになります。
愛情たっぷりのおべんとうを作ってあげたいと思っても、バタバタとあわただしい朝に、おかずを何品も準備するのは本当にたいへん！　子どもが1回に食べる量は少なく、毎朝イチからおべんとうを作ろうとすると、かえって手間がかかってしまいます。
そこで、ぜひやってほしいのが、おべんとう用おかずの“つくりおき”です。

おかずを一度にまとめて作り、冷蔵や冷凍で保存します。つくりおきすることによって味がなじんでおいしくなりますし、朝は加熱して詰めるだけなので毎朝のおべんとう作りがグンと楽になります。作りやすさと子どもが飽きないようにと考え、おかずは3食分としました。

まず、時間に余裕のある週末に1週間分を仕込む「1か月のつくりおきおべんとう(P16〜51)」をマネしてみてください。ほかにも平日の空いた時間にちょこちょことつくりおきしたり、自分のライフスタイルに合わせてつくりおきしてみるのもいいですね。

お母さん、お父さんが作ったおべんとうで、子どもたちの園生活が笑顔あふれるものになりますように！

新谷友里江

もくじ
CONTENTS

本書のルール

- 本書のレシピは食物アレルギーがないお子さんを対象にしています。
- 分量の大さじ1は15mℓ、小さじ1は5mℓ、1カップは200mℓです。
- 調理時間は目安として参考にしてください。
- 材料の下処理について、とくに表記がない場合は、種を取る、ヘタを取る、皮をむく、魚の骨を取り除く、鶏肉の余分な白い脂身を取り除くなどを行ってから調理してください。
- しょうゆは濃い口しょうゆを使用しています。みそはお好みのものをご使用ください。
- 「少々」とは、親指と人さし指の先でつまむくらいです。「適量」は、好みに合わせて適した量に調節してください。
- 電子レンジの加熱時間は、600Wの場合で計算しています。500Wの場合は時間を1.2倍にしてください。
- オーブントースターの加熱時間は1000Wで計算しています。機種によって多少異なる場合があります。1000Wより低い場合は加熱時間を長めに、高い場合は短めに設定してください。
- フライパンはフッ素樹脂加工のものを使用しています。
- 「火加減」は、中火の場合はとくに表記していません。中温は170～180℃です。

“つくりおき”で おべんとう作りをラクにしよう！

“つくりおき”のよいところはとにかく朝の時間がラクになること。
まとめて作っておくことで、「あわてない」「悩まない」おべんとう作りができます。

つくりおきおべんとうのメリット

1 忙しい朝に詰めるだけ

朝はとにかく時間がない！ おかずのつくりおきがあれば、加熱して詰めるだけでOK! しかも、ほとんど調理をしないので、洗い物も少なくてすみます。

2 まとめ作りで時短

1品作るよりも、5、6品をまとめて作る方が時短になります。それは、食材をまとめて切ったり、ゆでたりすることができるから。園児の1食分は少量なので、3食分ずつ作るのが効率的です。

3 献立を考えやすい

つくりおきしてあるおかずを詰めるだけなので、毎朝献立を考える必要がありません。まずは1か月のつくりおきおべんとう（P16〜51）をマネしましょう。5日分のつくりおきの量の目安は、主菜2品と副菜4品です。

4 作るタイミングが調整できる

つくりおきは「この時間に作らなくてはいけない」という制約がありません。忙しい朝ではなく、自分の都合に合わせて料理することができます。

平日5日間を乗り切れる！

休日におかずをまとめて作る！

1週間5日分のおかずをまとめて作ります。作るレシピは6品。およそ1時間で完成です。主菜、副菜をバランスよく準備します。

ごはんはタイマーをセットして朝炊き上がるようにしておくか、1食分ずつ冷凍しておくと便利！

組み合わせれば朝15分で完成！

つくりおきおかずをチンして詰めれば、あとは主食を作るだけ！ おかずのアレンジもたくさん紹介しているので、つくりおきでも毎日違うおべんとうが作れます。

慣れてきたら自分のやり方で！

提案１ 好きなときにつくりおき

休日はもちろん、休日と週半ばの水曜日の2回に分けてつくりおきするパターンも紹介しています。子どもを送った後や寝た後など、いつ作ってもよいのがうれしい。

提案２ 冷凍オンリーでもOK！

つくりおきは使いきれるかが心配という方におすすめなのは、冷凍保存です。冷凍できるおかずは2週間保存できます。

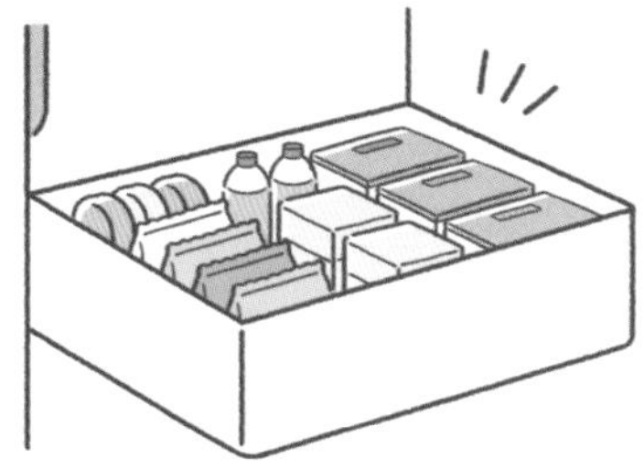

提案３ 同じおかずを冷蔵、冷凍使い分け

1つのおかずを3食分つくりおきしますが、保存方法は同じではなくても◎。1食分は明日用に冷蔵、残り2食分は冷凍というように変えてもOKです。

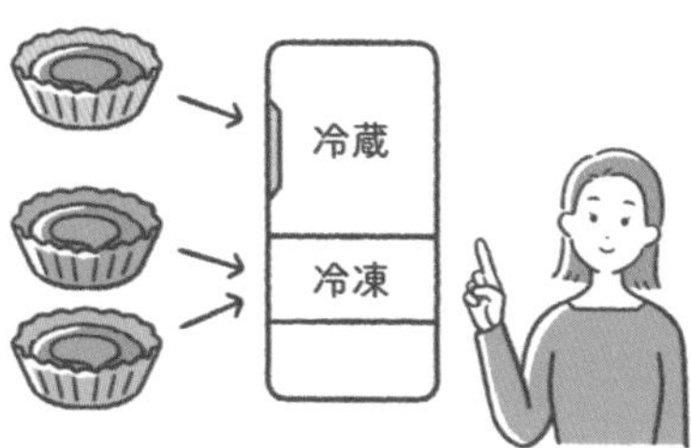

1か月のおべんとうメニューを見てみましょう！

1か月カレンダー

	週末に作るおかず	月曜日
1週目	つくりおき ▶P16～17  主菜 ハンバーグ  主菜 鮭のチーズムニエル  副菜 ハムとアスパラの卵焼き 副菜 キャベツとコーンの甘酢和え  副菜 ゆでブロッコリー 副菜 れんこんのしょうゆソテー	 ハンバーグべんとう ▶P18
2週目	つくりおき ▶P28～29  主菜 甘辛そぼろ  主菜 めかじきのカレーピカタ  副菜 小松菜とパプリカのソテー 副菜 かぶとハムのサラダ  副菜 きゅうりのナムル 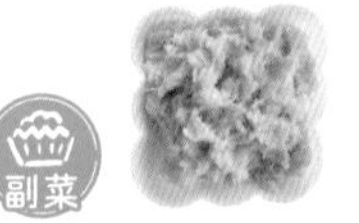 副菜 かぼちゃとツナのサラダ	 3色そぼろ丼べんとう ▶P30
3週目	つくりおき ▶P36～37  主菜 くるくるとんかつ 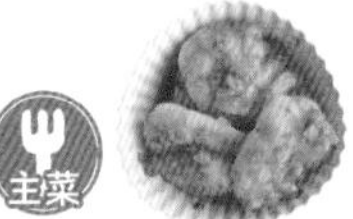 主菜 えびのケチャップ炒め 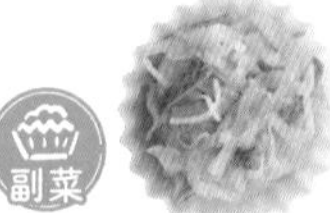 副菜 キャベツのコールスロー  副菜 パプリカの塩昆布和え  副菜 れんこんとベーコンのソテー 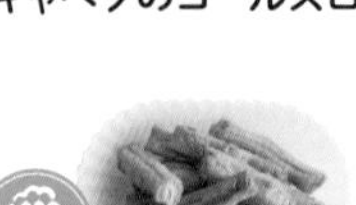 副菜 いんげんのきんぴら	 くるくるとんかつべんとう ▶P38
4週目	つくりおき ▶P44～45  主菜 から揚げ  下味冷凍 豚肉の甘辛漬けの素  副菜 れんこんのもちもちチヂミ  副菜 にんじんのごまマヨ炒め  副菜 ゆで小松菜	 から揚げべんとう ▶P46

つくりおきおかずを組み合わせたおべんとうを1か月分紹介！
このままマネして作れば、迷うことなく、1か月分の栄養満点でおいしいおべんとうができあがります。

火曜日	水曜日	木曜日	金曜日
 鮭のムニエルべんとう ▶P20	 ロコモコ風べんとう ▶P22	 鮭といんげんの おにぎりべんとう ▶P24	 鮭のマリネべんとう ▶P26
 めかじきの カレーピカタべんとう ▶P31	 コロッケ風そぼろべんとう ▶P32	 ロールサンドイッチべんとう ▶P33	 めかじきのピカタべんとう ▶P34
 えびのケチャップ おにぎりべんとう ▶P39	 くるくる甘みそとんかつべんとう ▶P40	 えびのトマトパスタべんとう ▶P41	 えびケチャ炒めべんとう ▶P42
 ポケットサンドイッチべんとう ▶P47	 ハニーマヨから揚げべんとう▶P48 追加でつくりおき ▶P49 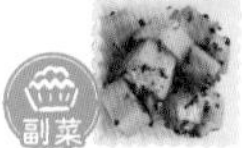 副菜 オクラの ゆかり和え 副菜 ミニトマトの だし浸し	 豚肉の焼きうどんべんとう ▶P50	 豚肉の甘辛炒めべんとう ▶P51

園児のおべんとうのきほん

おべんとう作りで必要なグッズを紹介します。幼児ならではの衛生面や安全面でのルールがあるので、覚えておきましょう。

おべんとう箱&グッズの選び方

シンプルなものの方が扱いやすく、おすすめ。園によっては、材質などが指定されている場合があるので事前に確認を!

おべんとう箱

サイズ

小さめのおべんとう箱から始めます。事前に、お家で食べきれる量や時間を確認すると安心。

材質

プラスチック製が扱いやすいのでおすすめ。食器洗い機や電子レンジで使えるか確認を。

プラスチック製

アルミ製

形

オーバル形やスクエア形が使いやすく、おすすめ。動物形や乗り物形などの変形も意外とおかずが詰めやすいです。子どもがすくいやすいように浅めを選んで。

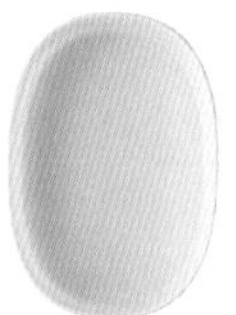
オーバル形

スクエア形

変形

フタのタイプ

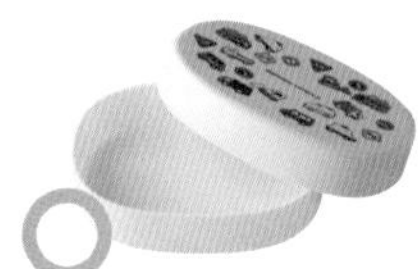
○ **かぶせるタイプ**
力がなくても開けやすいので◎。汁もれしやすいので汁気をしっかりきりましょう。

△ **とめるタイプ**
汁もれしづらいので安心ですが、指の力がないと開けづらく、年少さんには向きません。

× **シールタイプ**
開け閉めに力がいるので、避けましょう。

カトラリー

カトラリーは家で使っているものと同じ形状がおすすめ。箸はすべり止めつきを。その日のおべんとうの内容に合わせて使うものを持たせましょう。

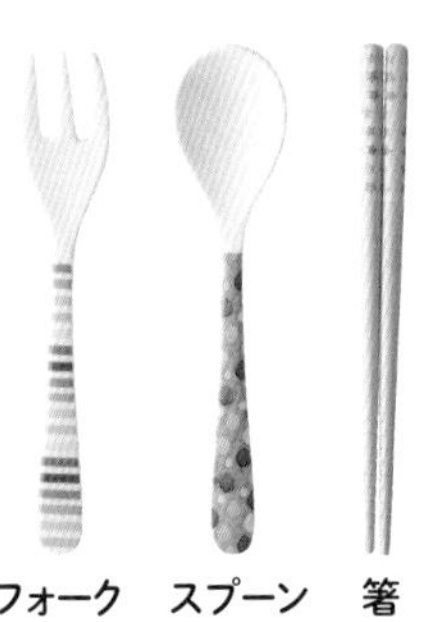
フォーク　スプーン　箸

おべんとう箱入れ

手で広げるだけなので開けやすく、ひもを引くだけで締められる巾着袋が◎。結び目がほどきづらいのでバンダナは避けましょう。

○ 巾着　× バンダナ

おすすめの調理器具と道具

器具や道具をそろえておくと、調理が楽になります。おべんとう作りやつくりおきで使う器具や道具を紹介します。

調理で使う

フライパン

フタつきがよいでしょう。直径20㎝、26㎝の2サイズがあると便利。

小さな鍋

直径15㎝でフタつきが使い勝手がよいのでおすすめ。

卵焼き器

卵焼きはもちろん、小さなフライパン代わりにもなります。

ボウル

ステンレス製と耐熱ガラス製のサイズ違いであると便利。耐熱ガラス製はレンジ加熱での調理にも使えます。

バット

調理のほか、おかずを冷ますときにも使います。サイズ違いで持っていると便利。熱伝導率のよいステンレス製が◎。

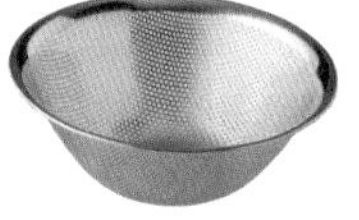

ざる

サイズ違いで用意をしておくと便利です。

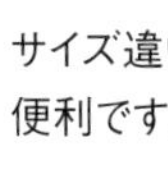

菜箸

調理中やおべんとう箱に詰めるときに使うので、複数組用意を。長さ違いがあると便利。

ラップ

サイズ違いで用意しておくと、ムダがないのでおすすめ。

あると便利

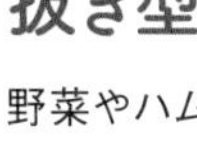

抜き型

野菜やハム、チーズなどをかわいい形にしてくれます。金属製のほか、プラスチック製もあります。

おにぎりメーカー

星やハートなど手でにぎりづらい形にしたいときに。

詰めるときに使う

カップ

6号、8号サイズがあると便利。油と水が染みないタイプのものや、洗ってくり返し使えるシリコン製のものなど、使いやすいものを選びましょう。

バラン

おかず同士がくっつかないようにしたいときに。洗ってくり返し使えるものもあります。

ワックスペーパー

食品用の包装紙。パンを包むときなどに。おべんとう箱のしきりがわりにも使えます。

ピック

具材にきちんと刺さり、はずれないもので、子どもがうっかり飲み込まないように、長めで目で見て気づける大きめのものを選びます。

衛生面のルール

おべんとうは作ってから食べるまで数時間あきます。
食中毒の予防のため、おべんとうが傷まないように、
以下の点にとくに注意しましょう。

準備

① 手指、器具や道具は清潔に！

道具は清潔にし、手でおかずはさわらないように注意！　指に傷があるときは必ず手袋をしましょう。

② 新鮮な食材を用意する

つくりおきするため、買ってきてすぐの新鮮な食材を使います。

③ ドリップはふき取る

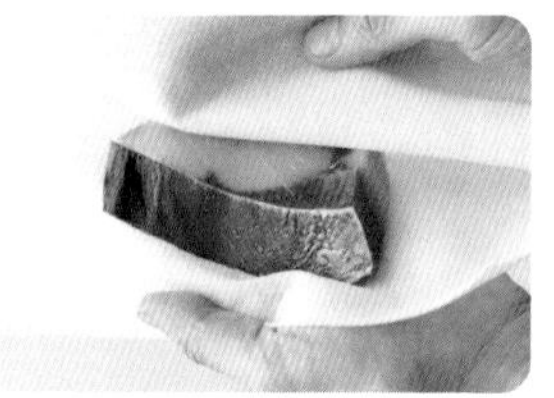

肉や魚のドリップ（水分）は、雑菌の原因になる上、味が落ちます。よくふき取ります。

④ ヘタを取る

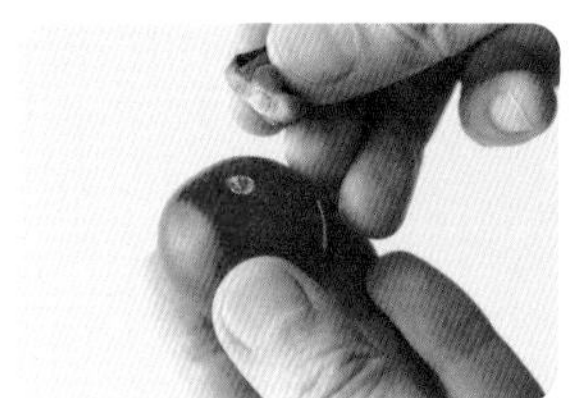

ヘタに雑菌が付着しています。ミニトマトはヘタを取ってから洗い、水気をしっかりふき取ります。

調理

① 中までしっかり火を通す

肉、魚、卵は中までしっかり火を通します。とくに、卵は要注意！　半熟はNGです。

② おにぎりは必ずラップでにぎる

手で直接さわると雑菌がつきやすくなります。必ずラップを使ってにぎりましょう。

③ しっかり冷ましてから詰める

おかずが温かいままフタをすると、蒸気が出ます。蒸気は雑菌を繁殖させるので、必ず冷まします。

④ 加工品も加熱する

火を通さなくても食べられるハムやちくわなどの加工品もできるだけ加熱します。

⑤ 抗菌食材を使う

梅干しや酢、カレー粉などの抗菌作用のある食材や調味料、スパイスを使うのもよいでしょう。

⑥ 水気や汁気はきる

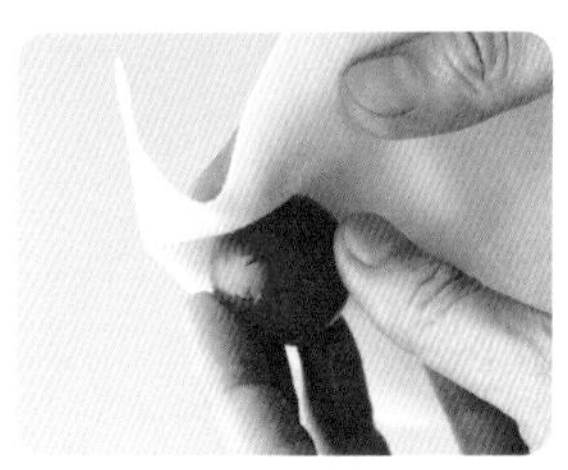

水気や汁気はおかずが傷む原因。詰める前にしっかりきって！　生の野菜やくだものも同様です。

⑦ 保冷剤や抗菌シートを使う

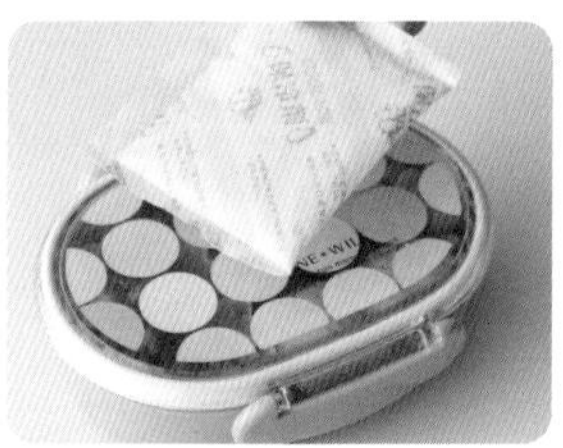

おべんとうを冷やす保冷剤や、雑菌の繁殖を抑える抗菌シートを使い、ごはんやおかずを傷みにくくします。

安全面のルール

子どもがおべんとうを安心して食べられるように
次のことを注意しましょう。

① 丸くて小さい食材は切る

丸飲みし、喉に詰まらせてしまうおそれがあるためミニトマトやぶどうなど丸いものは4等分に切りましょう。

② おにぎり、おかずは一口大にする

子どもが食べやすい、かみ切りやすい大きさにしましょう。

③ 麺類は食べやすい長さに切る

焼きそばやうどん、スパゲッティなどの麺類は食べやすい長さに切って調理しましょう。

④ 魚の骨は取り除く

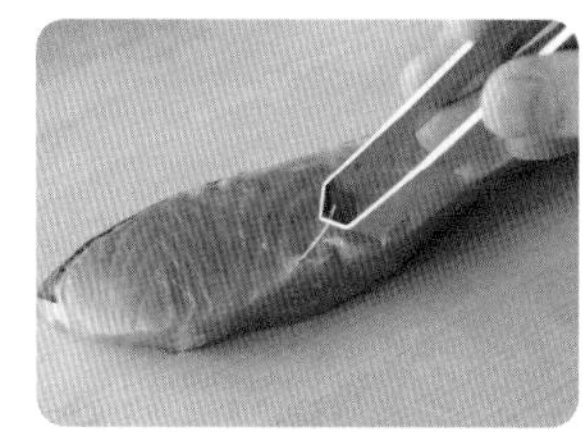

魚の小骨は喉に刺さると危険。調理する前に骨がないか確認を。骨があったら抜きます。

おべんとうの詰め方

おべんとうには子どもが食べきれる量を
食べやすさも考えて詰めましょう。

量とバランス

主食（ごはん）がおべんとう箱の半分くらいが目安。残りに、肉や魚などのおかず（主菜）と、野菜おかず（副菜）を配分しましょう。赤、緑、黄の野菜を入れると、栄養バランスがととのいます。

主食：主菜：副菜＝2：1：1

詰め方

\START!/

❶ 主食を詰める

ごはん、おにぎりは端に寄せて詰めます。

❷ 主菜を詰める

肉や魚などのおかずを詰めます。

❸ 副菜を詰める

野菜のおかずを詰めます。

\GOAL!/

❹ 副菜を詰める

野菜のおかずがもう1品あれば、詰めます。汁気があれば、カップを使って。

❺ スキマおかずを詰める

空いているところがあれば、スキマおかずを差し込みます。ピックを使っても。

詰めるときの Point

● 中身が動かないように！

おかず同士が軽くくっつく程度が目安です。ギュウギュウだと、子どもが食べづらく、雑菌が繁殖する原因にもなります。

● フチいっぱいはNG

子どもはフォークなどですくうように食べることも。フチいっぱいに詰めるとこぼれるので、浅めに入れましょう。

● カップはかえて！

カップを使うときは、保存用のカップをそのまま使うのは衛生面でNG。洗ったカップに移しかえましょう。

● 必ず箸で詰める

おかずを手でさわると雑菌が繁殖する原因に。おかずは手でさわらず、必ず清潔な箸を使って詰めます。

つくりおきのきほん

子どものためにおいしく安全につくりおきする、調理面、保存面のコツを紹介します。

おいしく作る調理のコツ

つくりおきする際に覚えておくとおいしく仕上がるポイントです。

① 食材はきちんと加熱する

つくりおきおかずはおべんとう箱に詰める前に必ず再加熱するので、作る際はレシピ通りに加熱します。

② 衣をつけて乾燥防止

つくりおきすると料理が乾燥しがちです。食材に粉類や卵などの衣をつけると、乾燥を防げます。

③ たれでコーティング

乾燥を防ぐもう1つのテクニックは、食材にたれをからめてコーティングすること。冷めても乾燥しにくくなります。

④ 余分な水分をとばす

余分な水分があると、解凍した後に食感や風味が落ちてしまいます。料理はバットに広げて水分や蒸気をとばします。

これを用意 つくりおきおかずの保存グッズ

おかずを冷蔵・冷凍するときに使う容器を紹介します。清潔なものを使いましょう!

★ 保存用カップ

おかずの種類や量が異なるので、6号、8号など異なるサイズ、形状のものを用意しておくと便利。おべんとう箱に詰める前に必ず電子レンジで加熱するので、電子レンジ対応のものを用意します。

★ 保存容器

フタつきの保存容器にカップごと入れて、冷蔵または冷凍で保存します。

使用例

容器には1種類ずつ入れるのでも、数種類まとめて入れるのでも。

カップについての注意

保存に使ったカップをおべんとうに詰めるときにそのまま使うのは衛生面でNG。洗ってから使うか、新たなカップに詰め替えます。

こんなものを使っても!

製氷皿や小分け容器などを利用しても◎。必ずフタつきのものを選びましょう。

保存のルール

保存している間に雑菌が繁殖しやすいので、衛生面にとくに注意して保存しましょう。冷ましたら、すぐに冷蔵室や冷凍室に入れて！

① 清潔な菜箸を使う

雑菌が繁殖しないように清潔な菜箸で詰めましょう。調理時とかえるのがベスト。手でさわるのはNGです。

② しっかり冷ます

冷めていないと保存容器に入れたときに水蒸気がこもり、それが雑菌の原因になります。保冷剤などを使って冷ましましょう。

③ 急速冷凍させる

冷凍の場合は素早く凍らせると雑菌の繁殖をおさえられる上、おいしさもキープできます。金属製バットなどにのせると、より早く冷凍できます。

保存するときは、容器に日付を書いておきましょう

保存期間

レシピにはおすすめの保存法（冷蔵or冷凍）を記載しています。冷凍、冷蔵のどちらも可能な場合もあります。本書での保存期間の目安は、冷蔵で3日間、冷凍で2週間です。

冷凍 2週間　冷蔵 3日

再加熱のルール

冷蔵・冷凍したおかずは、雑菌の繁殖を防ぐため、おべんとう箱に詰める前に必ず十分に再加熱します。

① 冷蔵・冷凍のおかずは必ず再加熱し冷ます

つくりおきおかずは必ず再加熱をし、冷ましてから新しいカップに移します。冷凍おかずは前夜に冷蔵室に移すよりも、当日の朝に電子レンジで解凍する方が安心です。

② 電子レンジの加熱はしっかりと

この本では、つくりおきの加熱は電子レンジを使用。目安時間の通りに加熱し、まだ温まっていないときは10秒ずつ足します。センターテーブルがあるときは真ん中に置きます。

③ ラップはふんわりとかける

ラップはふんわりとかけます。ふっくら仕上げたいときは、水少々をふりかけてからラップをかけて加熱すると◎。加熱後水分が出たら必ずふき取ります。

④ 揚げものはラップをかけない

揚げものは蒸気がこもるとおいしくなくなるので、ラップはかけないのが基本。油分や水分を吸い取らせるために、キッチンペーパーに揚げものをのせてチン！

⑤ 加熱は1個ずつがベスト

電子レンジ加熱は1個ずつ行うと、ムラなく仕上がります。3品ほど同時に加熱するときは、まず1分加熱し、様子を見ながら追加で加熱しましょう。

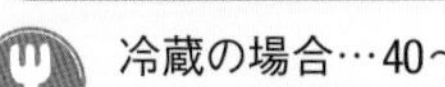

つくりおきおかずの
電子レンジの加熱時間の目安

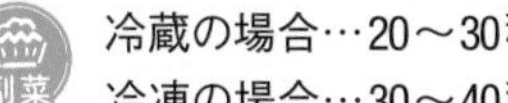

主菜
冷蔵の場合…40～50秒
冷凍の場合…50～60秒

副菜
冷蔵の場合…20～30秒
冷凍の場合…30～40秒

⑥ 再冷凍・再保存はNG！

つくりおきおかずを一度解凍したり、温め直したら、再冷凍は絶対にやめましょう。味も落ちますが、雑菌が繁殖するおそれがあります。冷蔵の場合も温め直したら、再保存はNGです。

この本の使い方

1か月のつくりおきおべんとう

休日につくりおきするおかずのレシピと、それを使った5日分のおべんとうを紹介します。

5日分のつくりおき

・休日に5日分のおかず(主菜、副菜)を作って保存します。
・5日間のおべんとうで使いきれないおかずは、夕食などのおかずにしてもOK。
・**Part2 つくりおきおかずカタログ**で紹介している主菜や副菜と入れ替えると、おべんとうのバリエーションがグンと増えます。

Time table

つくりおきおかずを作る手順を時間軸で紹介しています。

スキマおかずなど

スキマおかずの作り方や飾り切りの方法は、参照ページに紹介しています。

温かいごはん

ごはんはタイマーをかけて炊いておくか、1食分ずつ冷凍保存しておきましょう。

おべんとう

休日に作ったつくりおきおかずを温めたり、ひと手間加えたりして、5日分のおべんとうを作ります。

つくりおきおかずカタログ

Part1 1か月のつくりおきおべんとうの主菜や副菜と入れ替えたり、**Part2 つくりおきおかずカタログ**の主菜と副菜を組み合わせたりすることで、おべんとうのバリエーションが広がります。

おすすめの副菜

主菜と一緒につくりおきするとよい副菜の組み合わせを紹介しています。栄養や味つけのバランスなどを考えて、組み合わせています。

レシピの分量

- つくりおきおかずのレシピの分量は「子ども3食分」です。おべんとうのレシピは基本的に「子ども1食分」です。
- お子さんの食べる量に合わせて作る量や保存するときの量を調節してください。

マークについて

主食、主菜、副菜のどれにあたるのかわかります。すべてそろうように組み合わせると栄養バランスがととのいます。

つくりおき　朝調理

事前につくりおきしているおかずは「つくりおき」マークで、当日の朝に調理したり、手を加えたりする料理は「朝調理」マークで示しています。

つくりおきの保存期間は、冷蔵の場合3日間、冷凍の場合は2週間です。作った翌日を1日目としてカウントします。

肉や魚介などに調味料で下味をつけておくものです。

Part 1

1か月の
つくりおきおべんとう

休日におかずを6品ほど作って冷蔵・冷凍で保存しておき、
1週間5日分のおべんとうに展開するプランを1か月分ご提案。
まずはじめの1か月分をやってみましょう!

MONDAY

THURSDAY

5日分のつくりおき

つくりおきするのはこの6品！

主菜は肉と魚を1種類ずつ。副菜は味つけがかぶらないようにするとともに、黄色や緑色、茶色などで彩りとバランスがよい野菜で作ります。

おかずの大定番

ハンバーグ

材料（子ども3食分）

合いびき肉……150g
玉ねぎ……¼個（50g）
A パン粉……大さじ1と½
A 溶き卵……大さじ1
A 牛乳……大さじ½
A 塩……少々
サラダ油……小さじ1
B トマトケチャップ、水……各大さじ1
B 中濃ソース……大さじ½
B 砂糖……小さじ¼

作り方

1 玉ねぎはみじん切りにする。

2 ボウルにひき肉、1、Aを入れてよく練り混ぜる。3等分して小判形にととのえる。

3 フライパンにサラダ油を熱し、2を2～3分焼く。焼き色がついたら返し、弱火にしてフタをし、さらに2～3分蒸し焼きにする。Bを混ぜ合わせて加え、からめる。

子どもが大好きなチーズ味

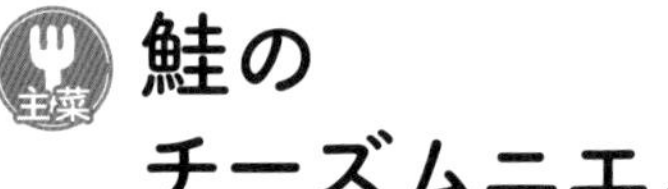

鮭のチーズムニエル

材料（子ども3食分）

生鮭……小2切れ（160g）
酒……小さじ1
A 小麦粉……小さじ2
A 粉チーズ……小さじ1
塩……少々
サラダ油……小さじ1

作り方

1 鮭は1切れを3等分のそぎ切りにする。酒をからめて5分ほどおき、水気をふき取る。Aは混ぜ合わせる。

2 1の鮭に塩をふり、Aをまぶす。

3 フライパンにサラダ油を熱し、鮭を2分焼く。焼き色がついたら返し、弱火にして2分ほど焼く。

卵はしっかり火を通して

副菜

ハムとアスパラの卵焼き

材料（子ども3食分）

ハム……2枚（20g）
アスパラガス……1本（20g）
卵……2個
A 牛乳……小さじ1
A 塩……少々
サラダ油……適量

作り方

1 アスパラは根元を落として下⅓の皮をむき、粗いみじん切りにする。ハムは粗いみじん切りにする。

2 ボウルに卵を溶きほぐし、1とAを加えて混ぜ合わせる。

3 卵焼き器にサラダ油を熱し、油をなじませる。2を3～4回に分けて流し入れ、そのつどくるくると巻く。粗熱をとり、6等分に切る。

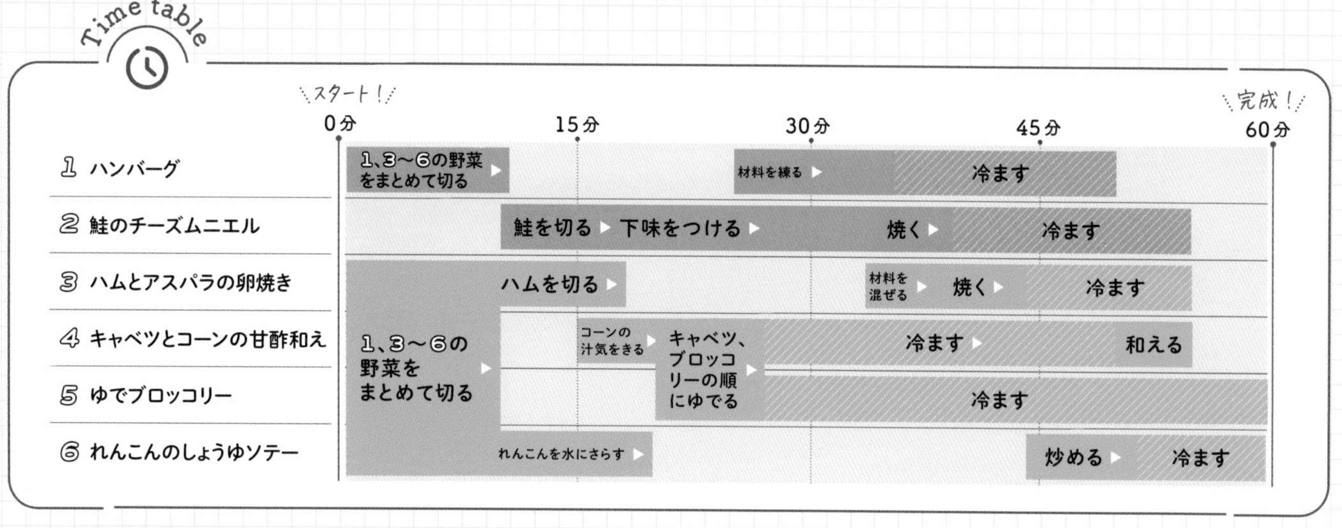

キャベツとコーンの甘みと酸味が絶妙

副菜 キャベツとコーンの甘酢和え

材料（子ども3食分）

- キャベツ……1枚（80g）
- コーン……½缶（30g）
- A 砂糖、酢……各小さじ1
- A 塩……少々

作り方

1 キャベツは3㎝大に切る。コーンは汁気をきる。

2 キャベツは1分ほどゆでてざるにあげ、水気をしぼる。

3 ボウルに2とコーン、Aを入れてさっと和える。

ゆでておくとアレンジ自在

副菜 ゆでブロッコリー

材料（子ども3食分）

- ブロッコリー……¼個（60g）
- 塩……小さじ1

作り方

1 ブロッコリーは小さめの小房に分ける。

2 鍋に水2と½カップを入れて沸かし、塩を加えて、1を1分ゆでてざるにあげる。

Memo ゆでブロッコリーを作らずに市販の冷凍ブロッコリーを使ってもOK！

しょうゆとごま油で香ばしい

副菜 れんこんのしょうゆソテー

材料（子ども3食分）

- れんこん……小½節（80g）
- ごま油……小さじ1
- しょうゆ……小さじ½

作り方

1 れんこんは5㎜厚さのいちょう切りにし、5分ほど水にさらして水気をきる。

2 フライパンにごま油を熱し、1を炒める。しんなりしたらしょうゆを加えてさっとからめる。

1週目
月曜日
MONDAY

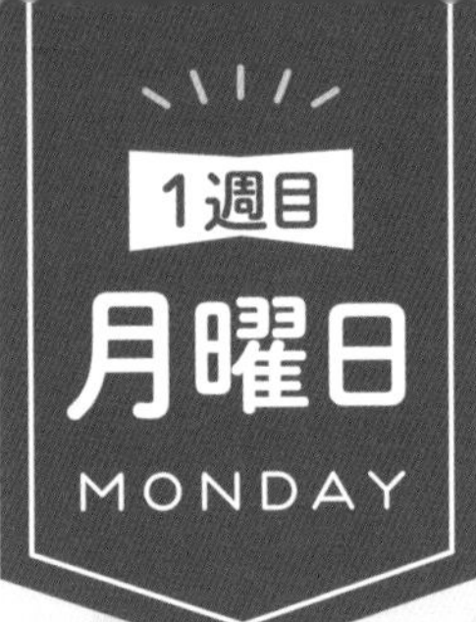

ハンバーグべんとう

子どもが大好きなハンバーグが主役です。
ごはんはおにぎりにすると、食べやすい！

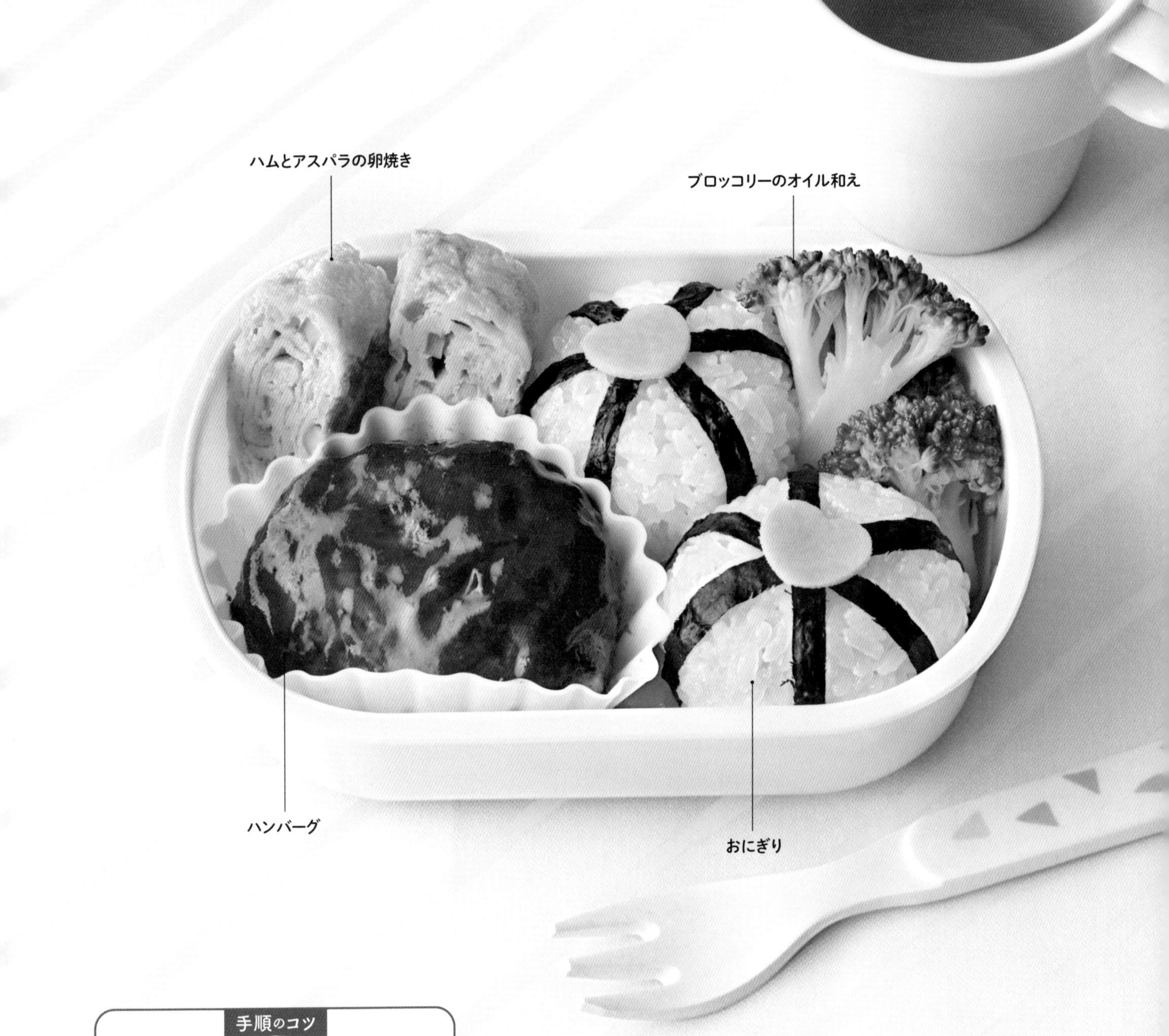

ハムとアスパラの卵焼き
ブロッコリーのオイル和え
ハンバーグ
おにぎり

手順のコツ

おかずを電子レンジで加熱し、冷まします。なお、つくりおき3品をまとめて加熱するときは、1分を目安に電子レンジで加熱しましょう。おにぎりを作って冷ましたら、おべんとう箱におかずと一緒に詰めます。

のりとハムで彩りをプラス！

朝調理

おにぎり

主食

材料（子ども1食分）

- **温かいごはん**……120g
- **焼きのり（5㎜幅）**……6本
- **ハム**……¼枚
- **塩**……少々

作り方

1. ごはんは2等分してラップで包んで丸くにぎり、塩をふってのり3本を放射状に巻く。
2. ハムを好みの抜き型で2枚抜き、おにぎりにのせる。

Point

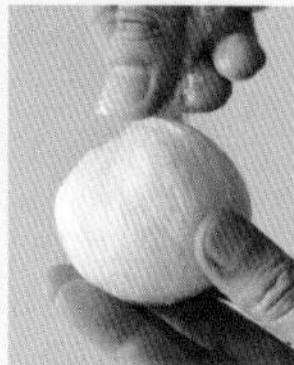

ごはんはおにぎりにして食べやすく！

箸やスプーンが上手に使えるなら、おにぎりにしなくてもOK。おにぎりは直接手でにぎらず、ラップで包んでにぎりましょう。

のりは巻き方に工夫を！

のりはごはんが温かいうちに巻くときれいに仕上がります。小さな子どもはのりをかみ切るのが苦手なので、小さく、細く切るほか、のりに穴を開けるなど工夫しましょう。

ジューシーでおいしい

つくりおき

ハンバーグ

主菜

材料（子ども1食分）

- **ハンバーグ（P16・冷蔵）**…1食分

作り方

1. ハンバーグはラップをふんわりかけて、電子レンジで40秒加熱する。

Arrange

簡単アレンジで見た目を華やかに

型抜きしたハムやチーズをのせると、華やかになります。ほかにもコーンと白ごまをのせてお花に見立ててもかわいいです。

彩りがきれいだから食欲アップに

つくりおき

ハムとアスパラの卵焼き

副菜

材料（子ども1食分）

- **ハムとアスパラの卵焼き（P16・冷蔵）**……1食分

作り方

1. ハムとアスパラの卵焼きはラップをふんわりかけて、電子レンジで30秒加熱する。

ハンバーグが
大きい場合は、
切って詰めましょう

ごまをふっても◎

つくりおき＋朝調理

ブロッコリーのオイル和え

副菜

材料（子ども1食分）

- **ゆでブロッコリー（P17・冷凍）**……1食分

※市販の冷凍ブロッコリー（20g）を使用してもOK！

- A
  - **オリーブ油**……小さじ¼
  - **塩**……少々

作り方

1. ゆでブロッコリーはラップをふんわりかけて、電子レンジで30秒加熱する。
2. ブロッコリーの水気をふき取ってボウルに入れ、**A**を加えてさっと和える。

Point

解凍して水気が出たらふき取って！

冷凍野菜は解凍したときに水気が出ることがあります。味をつける前に、キッチンペーパーで水気をふき取りましょう。

1週目
火曜日
TUESDAY

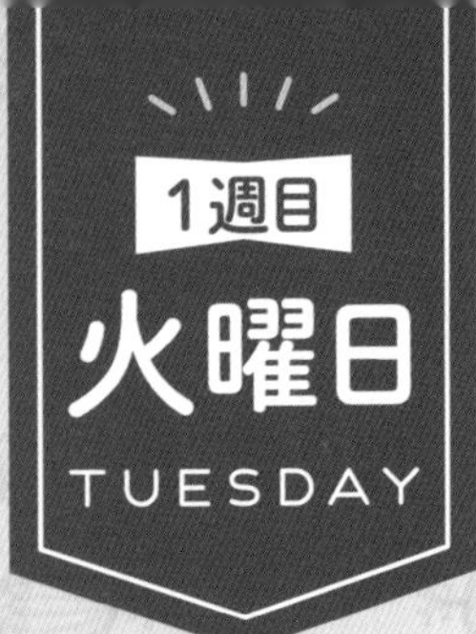

鮭のムニエルべんとう

卵焼きをごはんに混ぜて彩りもきれい。
おかずはアレンジして変化をつけても◎。

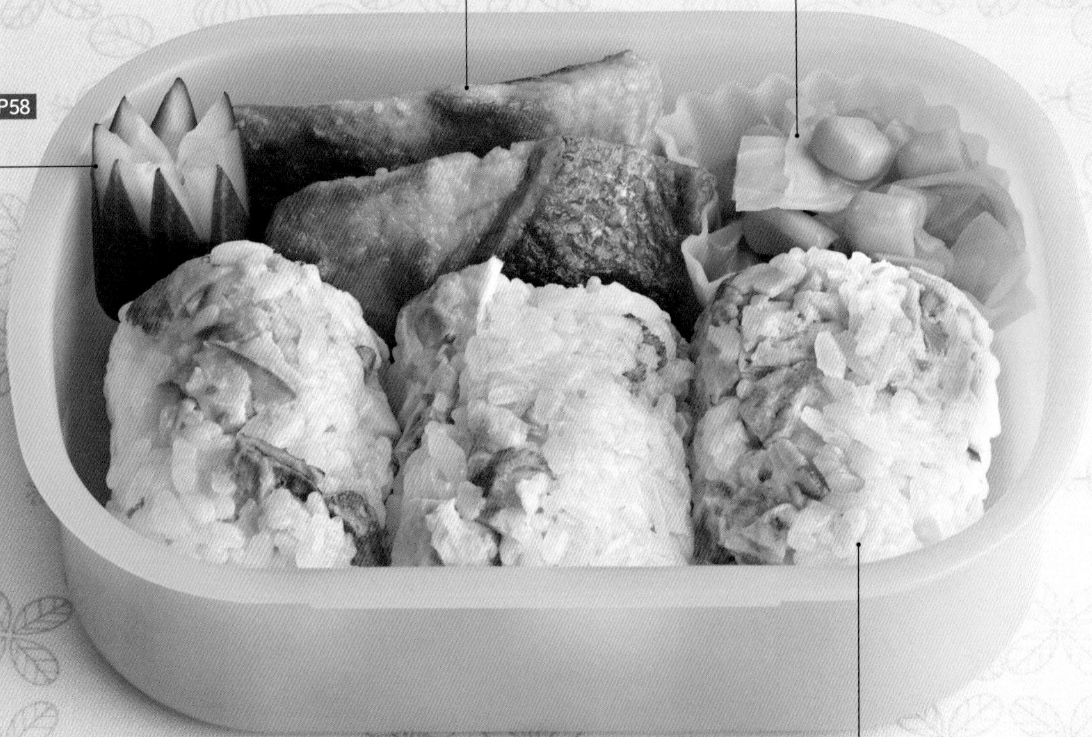

鮭のチーズムニエル
キャベツとコーンの甘酢和え
ギザギザきゅうり ➡P58
ハムとアスパラの卵おにぎり

手順のコツ

まず、おにぎりを作って冷まします。その間に鮭のチーズムニエル、キャベツとコーンの甘酢和えを加熱し、冷まします。つくりおき3品をまとめて解凍するときは、電子レンジで1分ほど加熱を。すべて冷めたら、おべんとう箱に詰めます。スキマおかずはおかずを冷ましている間に用意しましょう。

卵焼きを混ぜて彩りよく　つくりおき＋朝調理

主食 ハムとアスパラの卵おにぎり

材料(子ども1食分)

温かいごはん……120g
ハムとアスパラの卵焼き
(P16・冷蔵)……1食分
塩……少々

作り方

1 ハムとアスパラの卵焼きはラップをふんわりかけて、電子レンジで30秒加熱し、1cm角に切る。

2 ボウルにごはん、1を入れてさっくりと混ぜ合わせる。3等分してラップで包んで俵形ににぎり、塩をふる。

Point

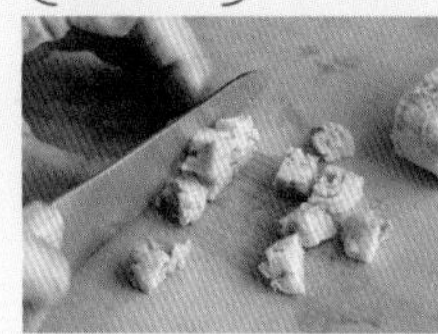

卵焼きは1cm角に切る

卵焼きは層になっているので、混ぜると自然にほぐれます。1cm角くらいに切れば、おにぎりにしたときにまとまります。

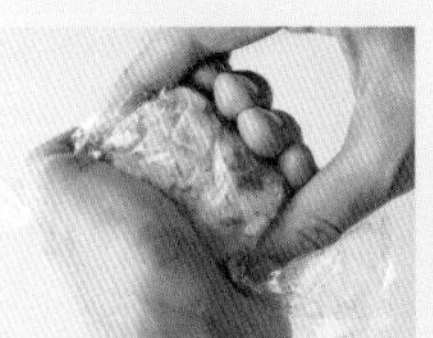

俵形はおべんとう箱に詰めやすい!

おべんとう箱に詰めやすく、かわいい見た目の俵おにぎり。

❶ ごはんを一方の手で持つ。

❷ もう一方の手の人さし指と中指で平らに押さえるようにしながら、ごはんを回転させる。

❸ 両端を押さえて俵形にととのえる(写真)。

チーズ味で食べやすい　つくりおき

主菜 鮭のチーズムニエル

材料(子ども1食分)

鮭のチーズムニエル
(P16・冷凍)……1食分

作り方

1 鮭のチーズムニエルはラップをふんわりかけて、電子レンジで50秒加熱する。

Arrange

ちょい足しでアレンジ自在

カレー粉やトマトケチャップをのせると味に変化が。元々味つけしてあるので、塩分が多くなりすぎないように注意しましょう。

ほのかな酸味でさっぱりと　つくりおき

副菜 キャベツとコーンの甘酢和え

材料(子ども1食分)

キャベツとコーンの甘酢和え
(P17・冷蔵)……1食分

作り方

1 キャベツとコーンの甘酢和えはラップをふんわりかけて、電子レンジで30秒加熱する。

Point

水気はしっかりきって!

加熱すると、水気が出ることがあります。気になるときは、キッチンペーパーにのせてふき取りましょう。

ロコモコ風べんとう

ハンバーグをごはんにON!　目玉焼きの代わりにいり卵をのせました。

ロコモコ風

ミニトマト ➡P56

ゆでた野菜 ➡P56

キャベツとコーンの甘酢和え

手順のコツ

まず、いり卵を作って冷ましましょう。ハンバーグ、キャベツとコーンの甘酢和えを加熱し、冷まします。つくりおき2品はまとめて加熱してもOK！　その場合は1分を目安にチン。ごはんにハンバーグと卵をのせ、副菜とスキマおかずを詰めましょう。

どんぶり風はモリモリ食べられる！

ロコモコ風

つくりおき＋朝調理

卵はしっかり火を通して

幼児期は卵にはしっかり火を通したいので、目玉焼きよりもいり卵がよいでしょう。ゆで卵は黄身がパサつくので避けて！

材料（子ども1食分）

- 温かいごはん……120g
- ハンバーグ（P16・冷蔵）……1食分
- ●いり卵
  - A 溶き卵……½個分
  - A 牛乳……大さじ½
  - A 塩……少々
- サラダ油……小さじ1

作り方

1 いり卵を作る。Aを混ぜる。フライパンにサラダ油を熱し、Aを流し入れて菜箸で混ぜながら1〜2分炒める。

2 おべんとう箱にごはんを詰める。

3 ハンバーグはラップをふんわりかけて、電子レンジで40秒加熱する。

4 2にハンバーグ、1のいり卵をのせる。

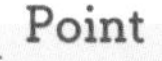

ごはんは浅く盛りましょう

ハンバーグといり卵がのるように、ごはんはおべんとう箱の6〜7割の高さが目安。ハンバーグをのせられるように少しくぼませて詰めます。

かつお節で風味をプラス

つくりおき

キャベツとコーンの甘酢和え

材料（子ども1食分）

- キャベツとコーンの甘酢和え（P17・冷蔵）……1食分
- かつお節……ひとつまみ

作り方

1 キャベツとコーンの甘酢和えはラップをふんわりかけて、電子レンジで30秒加熱する。

2 おべんとう箱に1を詰め、かつお節をふる。

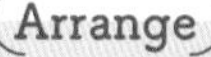

かつお節で風味をプラス

かつお節をふると、うまみと香りが増します。ほかにも、ごまや粉チーズ、カレー粉もおすすめです。

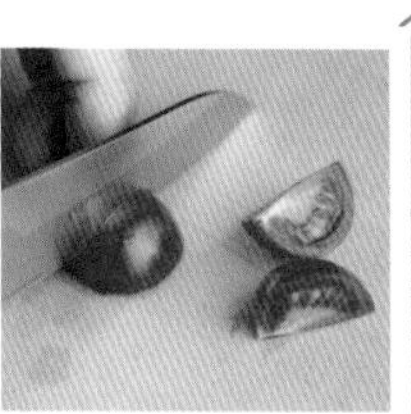

ミニトマトは甘いので子どもが好むうえ、彩りもよくなる万能野菜。丸飲みしやすいので、入れるときは必ず4等分に切りましょう

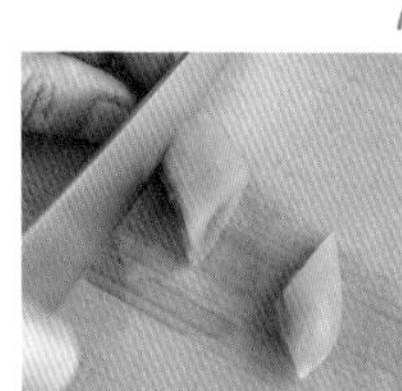

スナップエンドウも食べやすい大きさに切って。切り口が見えるように詰めるとかわいい！

鮭といんげんの おにぎりべんとう

鮭といんげんのおにぎりは彩りもおいしさも◎。
ハムのお花もかわいい。

れんこんのしょうゆソテー

鮭といんげんのおにぎり

ハムのお花 →P59

くだもの →P56

ブロッコリーのマヨ和え

手順のコツ

まずおにぎりを作って、冷ましましょう。おかず2品を加熱し、おべんとう箱に詰めます。つくりおき3品はまとめて加熱してもOK。その場合は1分を目安に電子レンジでチン！　ハムのお花、くだものは最後に作って詰めましょう。

彩り鮮やかで食がすすむ

つくりおき＋朝調理

鮭といんげんのおにぎり

主食　主菜

材料(子ども1食分)

温かいごはん……120g
鮭のチーズムニエル
(P16・冷凍)……1食分
いんげん……2本(16g)
塩……少々

作り方

1 鮭のチーズムニエルはラップをふんわりかけて、電子レンジで50秒加熱し、一口大に切る。

2 いんげんは1cm厚さの小口切りにして耐熱ボウルに入れ、ラップをふんわりかけて電子レンジで1分加熱する。

3 ボウルにごはん、**1**、**2**、塩を入れてさっと混ぜる。2等分してラップで包んで三角ににぎる。

Point

鮭はほぐれるので大きくても大丈夫

鮭のチーズムニエルは、混ぜると自然にほぐれるので、一口大に切ればOK! いんげんは1cm厚さが目安。
おにぎりにせずにおべんとう箱に詰めるのであれば、どちらももう少し大きくても構いません。
混ぜごはんはバター5gを加えるとコクが出てよりおいしく仕上がります。

青のりで磯の風味をプラス

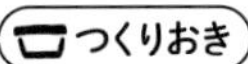

れんこんのしょうゆソテー

副菜

材料(子ども1食分)

れんこんのしょうゆソテー
(P17・冷凍)……1食分
青のり……ひとつまみ

作り方

1 れんこんのしょうゆソテーはラップをふんわりかけて、電子レンジで30秒加熱する。

2 おべんとう箱に詰め、青のりをふる。

Arrange

青のりでアクセントをつける

味に変化をつけたいときは、ちょい足しがおすすめ。青のりのほか、ごまやかつお節、粉チーズなど、うまみや香りのある食材をふったり、混ぜたりしてみましょう。

ブロッコリーにはマヨが合う

ブロッコリーのマヨ和え

副菜

材料(子ども1食分)

ゆでブロッコリー(P17・冷凍)
……1食分
※市販の冷凍ブロッコリー(20g)を使用してもOK!
マヨネーズ……小さじ½

作り方

1 ゆでブロッコリーはラップをふんわりかけて、電子レンジで30秒加熱し、粗熱をとる。

2 ブロッコリーの水気をふき取ってボウルに入れ、マヨネーズを加えてさっと和える。

Point

水気をふき取ってから和える

ブロッコリーを解凍して水気が出たら、そのままにしてはダメ! 傷みやすくなるのでキッチンペーパーで水気をふき取りましょう。こうすると、マヨネーズの味も薄まりません。

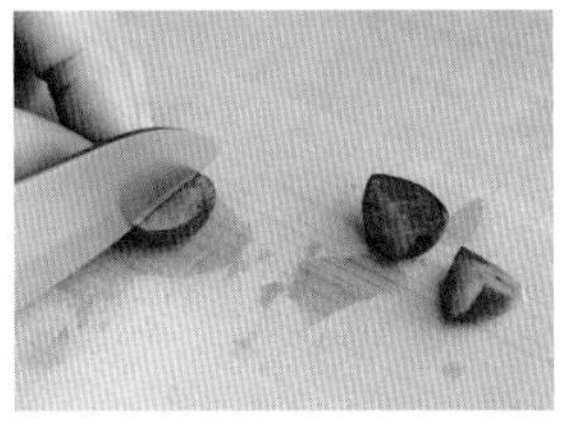

ぶどうは丸ごと飲み込むと喉に詰まらせる危険があります。必ず4等分に切ってから入れましょう

1週目
金曜日
FRIDAY

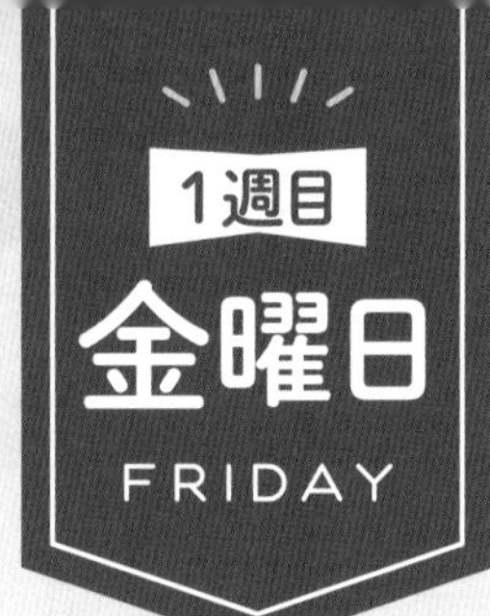

鮭のマリネべんとう

魚介の中でも子どもが食べやすい鮭。
かわいいちくわオクラで華やかさをプラス。

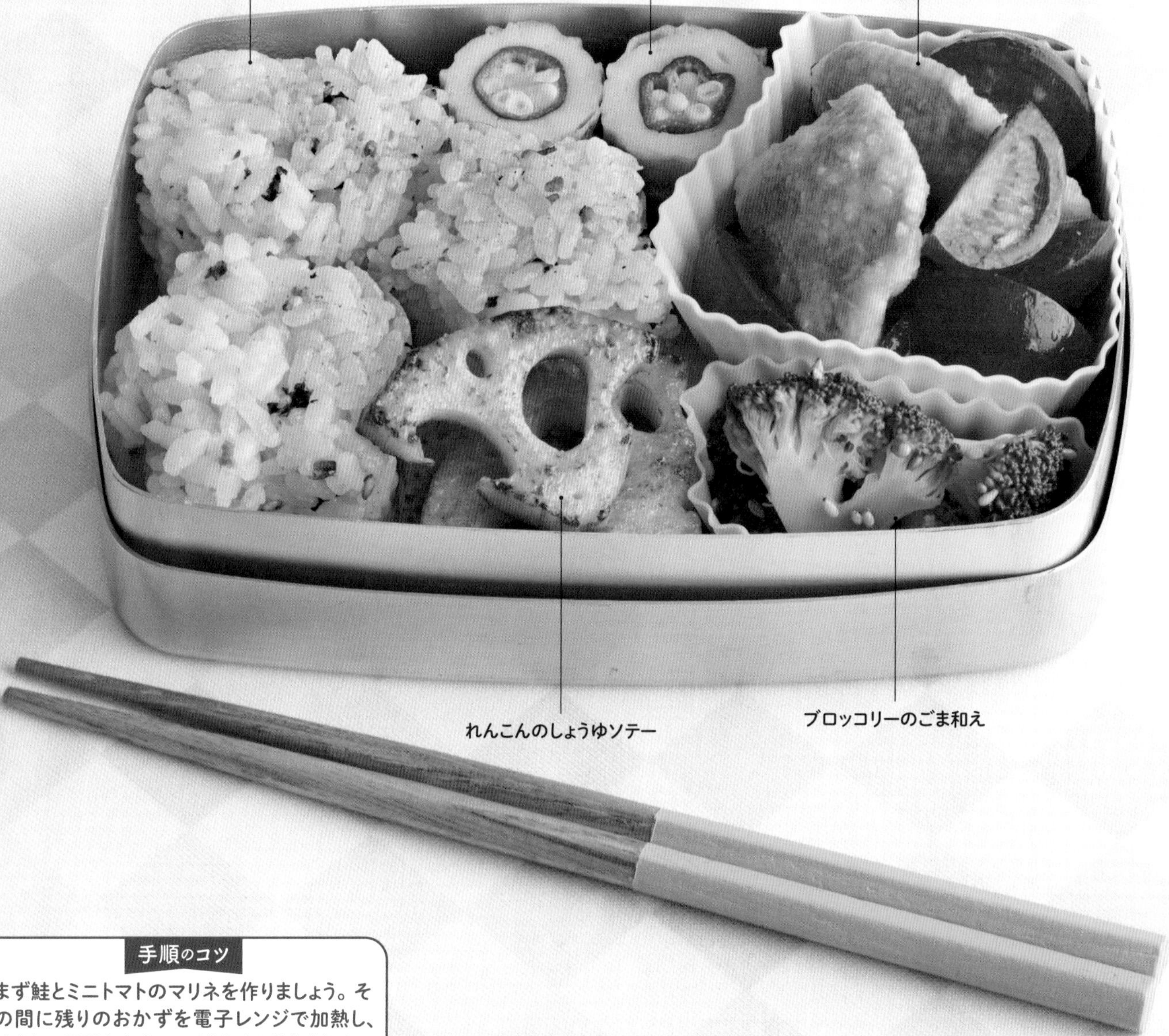

ふりかけおにぎり
ちくわオクラ ➜P57
鮭とミニトマトのマリネ
れんこんのしょうゆソテー
ブロッコリーのごま和え

手順のコツ

まず鮭とミニトマトのマリネを作りましょう。その間に残りのおかずを電子レンジで加熱し、冷まして調理します。つくりおき3品をまとめて解凍するときは、1分を目安に電子レンジで加熱しましょう。おにぎりも作って冷ましたら、おべんとう箱におかずと一緒に詰めます。

混ぜるだけで楽ちん

朝調理

主食 ふりかけおにぎり

材料（子ども1食分）

温かいごはん……120g
好みのふりかけ……小さじ1

作り方

1 ボウルにごはん、ふりかけを入れて混ぜる。3等分して好みの形ににぎる。

Point

ふりかけは子どもの好きな味を！

ふりかけはおべんとうの味方です。数種類、用意しておいてもよいでしょう。

おにぎりメーカーがあると便利

おにぎりを星形やハート形にしたいときは、おにぎりメーカー（型）を使いましょう。型にごはんを入れ、上から軽く押して形をととのえたら、型抜きするだけで簡単！

はちみつで甘さをプラス

つくりおき＋朝調理

主菜 鮭とミニトマトのマリネ

材料（子ども1食分）

鮭のチーズムニエル
（P16・冷凍）……1食分
ミニトマト……2個（20g）
A
酢、オリーブ油…各小さじ½
はちみつ……小さじ¼
塩……少々

作り方

1 鮭のチーズムニエルはラップをふんわりかけて、電子レンジで50秒加熱し、半分に切る。ミニトマトは4等分に切る。

2 ボウルに1、Aを入れてさっと和え、冷蔵室で10分以上つける。

Point

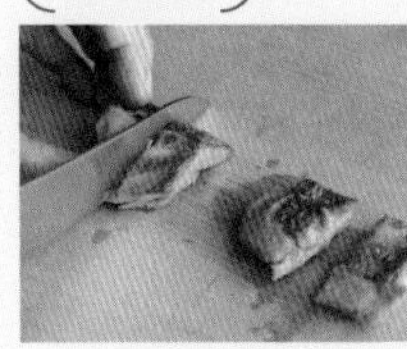

鮭は切って味なじみをよくする

鮭のチーズムニエルは切ると、マリネ液がなじみやすくなり、時短に！

白すりごまに代えても

つくりおき＋朝調理

 ブロッコリーのごま和え

材料（子ども1食分）

ゆでブロッコリー（P17・冷凍）
……1食分
※市販の冷凍ブロッコリー（20g）を使用してもOK！
A
めんつゆ（3倍濃縮タイプ）
……小さじ½
砂糖、白いりごま
……各小さじ¼

作り方

1 ゆでブロッコリーはラップをふんわりかけて、電子レンジで30秒加熱する。

2 ブロッコリーの水気をふき取ってボウルに入れ、Aを加えてさっと和える。

Arrange

ブロッコリーは味つけ自在！

マヨネーズで和えたり（P25）、かつお節や青のり、粉チーズ、カレー粉をふったりしても。

加熱して解凍するだけでOK！

つくりおき

 れんこんのしょうゆソテー

材料（子ども1食分）

れんこんのしょうゆソテー
（P17・冷凍）……1食分

作り方

1 れんこんのしょうゆソテーはラップをふんわりかけて電子レンジで30秒加熱する。

5日分のつくりおき

つくりおきするのはこの6品！

主菜は和風と洋風なので、副菜は塩味やマヨ味などのシンプルな味つけに。
副菜の色味は1～2色で作るとおべんとうのバランスがととのいやすくなります。

1

2

3

子どもが大好きな甘辛味

甘辛そぼろ

材料（子ども3食分）

鶏ひき肉……100g
豚ひき肉……50g
A［酒、しょうゆ、みりん……各小さじ2
　砂糖……小さじ½

作り方

1 フライパンに、ひき肉とAを入れてさっと混ぜ合わせる。火にかけてよく混ぜながら火を通し、汁気がなくなるまで炒める。

卵をからめて魚を食べやすく

めかじきのカレーピカタ

材料（子ども3食分）

めかじき……小2切れ（160g）
A［酒……小さじ1
　塩……少々
B［小麦粉……小さじ2
　カレー粉……小さじ¼
C［溶き卵……½個分
　塩……少々
サラダ油……小さじ1

作り方

1 めかじきは1切れを6等分に切って、Aをからめる。BとCはそれぞれ混ぜ合わせる。

2 めかじきの水気をふき取り、Bをまぶして Cをからめる。フライパンにサラダ油を熱し、めかじきを2～3分焼く。焼き色がついたら返し、弱火にしてフタをし、さらに2～3分焼く。

彩り鮮やかで食欲アップ

小松菜とパプリカのソテー

材料（子ども3食分）

小松菜……⅓束（100g）
パプリカ（赤）……¼個（40g）
サラダ油……小さじ1
塩……小さじ¼

作り方

1 小松菜は3cm長さに切る。パプリカは5mm幅に切り、長さを3等分に切る。

2 フライパンにサラダ油を熱し、1を入れてさっと炒める。しんなりしたら塩を加えてさっと混ぜる。

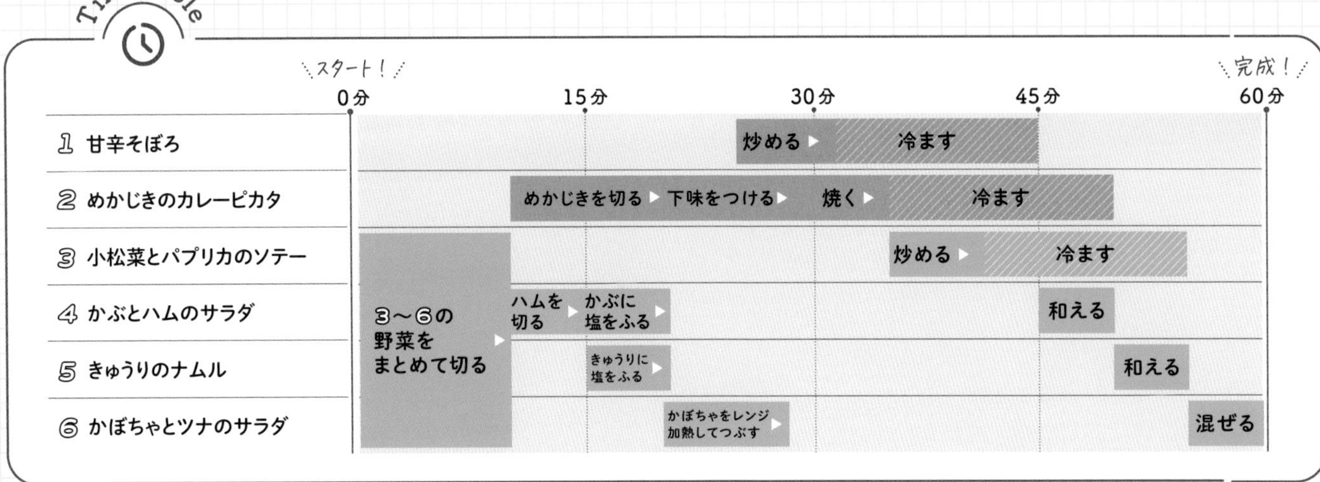

かぶとうまみのあるハムを和えて完成

副菜 かぶとハムのサラダ

材料(子ども3食分)

- かぶ……1個(80g)
- ハム……1枚(10g)
- 塩……少々
- A オリーブ油……小さじ2
- A 酢……小さじ1
- A 砂糖、塩……各少々

作り方

1 かぶは2〜3mm厚さのいちょう切りにする。ハムは1cm大に切る。かぶに塩をまぶして10分ほどおき、しんなりしたら水気を絞る。

2 ボウルに**1**、**A**を入れてさっと和える。

塩をまぶして和えるだけ

副菜 きゅうりのナムル

材料(子ども3食分)

- きゅうり……1本(100g)
- 塩……小さじ¼
- A ごま油、白すりごま……各小さじ1
- A 塩……少々

作り方

1 きゅうりは薄い小口切りにする。塩をふって軽くもみ、10分ほどおいて、水気を絞る。

2 ボウルに**1**、**A**を入れてさっと和える。

ほんのり甘くて手が止まらない

副菜 かぼちゃとツナのサラダ

材料(子ども3食分)

- かぼちゃ……1/10個(正味100g)
- ツナ(水煮)……½缶(35g)
- A マヨネーズ……小さじ1
- A 塩……少々

作り方

1 かぼちゃは皮を取り除き、小さめの一口大に切る。ツナは汁気をきる。

2 耐熱ボウルにかぼちゃと水大さじ1を入れてラップをふんわりかけ、電子レンジで2分加熱する。やわらかくなったら水気をふき取り、熱いうちにフォークでなめらかにつぶす。

3 **2**のボウルに、ツナと**A**を加えて混ぜ合わせる。

3色そぼろ丼べんとう

甘辛味のそぼろはごはんがすすみます。にんじんはかわいく型抜きしてアクセントに！

かぶとハムのサラダ

3色そぼろ丼

小松菜とパプリカのソテー

にんじんと枝豆で彩りよく！ つくりおき＋朝調理

3色そぼろ丼

主食 主菜

材料（子ども1食分）

- 温かいごはん……120g
- 甘辛そぼろ（P28・冷蔵）……1食分
- にんじん（7〜8㎜厚さ）……1枚
- 冷凍枝豆（さやつき）……適量

作り方

1 おべんとう箱にごはんを詰める。

2 甘辛そぼろはラップをふんわりかけて、電子レンジで50秒加熱する。

3 にんじんは好みの抜き型で抜き、やわらかくゆでる。枝豆は解凍してさやから出し、半分に切る。

4 1に2と3をのせる。

(Arrange)

そぼろはごはんに混ぜても！

ごはんに甘辛そぼろを混ぜてから、おべんとう箱に詰めても◎。子どもが食べやすいように、おにぎりにするのもよいでしょう。コーンや刻んだ枝豆を混ぜてにぎると、彩りUP!

ほのかな甘みがかぶに合う つくりおき

かぶとハムのサラダ

副菜

材料（子ども1食分）

- かぶとハムのサラダ（P29・冷蔵）……1食分

作り方

1 かぶとハムのサラダはラップをふんわりかけて、電子レンジで30秒加熱する。

塩味のシンプル炒め つくりおき

小松菜とパプリカのソテー

副菜

材料（子ども1食分）

- 小松菜とパプリカのソテー（P28・冷蔵）……1食分

作り方

1 小松菜とパプリカのソテーはラップをふんわりかけて、電子レンジで30秒加熱する。

めかじきのカレーピカタべんとう

卵をからめたピカタは冷めてもおいしいおかずです。ゆかりおにぎりで彩りアップ。

ゆかりおにぎり
めかじきのカレーピカタ
きゅうりのナムル
かぶとハムのチーズサラダ

一口サイズは食べやすい！

ゆかりおにぎり

材料(子ども1食分)

温かいごはん……120g
赤じそふりかけ……小さじ½

作り方

1 ボウルにごはん、赤じそふりかけを入れ、混ぜる。6等分してラップで包んで丸くにぎる。

大好きなカレー味

つくりおき

めかじきのカレーピカタ

材料(子ども1食分)

めかじきのカレーピカタ
(P28・冷凍)……1食分

作り方

1 めかじきのカレーピカタはラップをふんわりかけて、電子レンジで50秒加熱する。

粉チーズでコクをプラス！

かぶとハムのチーズサラダ

材料(子ども1食分)

かぶとハムのサラダ
(P29・冷蔵)……1食分
粉チーズ……小さじ¼

作り方

1 かぶとハムのサラダはラップをふんわりかけて、電子レンジで30秒加熱する。

2 ボウルに1と粉チーズを入れてさっと和える。

白ごまの香りが豊か

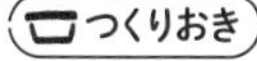

きゅうりのナムル

材料(子ども1食分)

きゅうりのナムル(P29・冷凍)
……1食分

作り方

1 きゅうりのナムルはラップをふんわりかけて、電子レンジで30秒加熱する。

コロッケ風そぼろべんとう

コロッケ風そぼろはスプーンでどうぞ！　コーンをピックで刺して彩りよく！

小松菜とパプリカのソテー

コロッケ風そぼろ

コーン ➡P56

しらすおにぎり

しらすは桜えびに代えても　朝調理

しらすおにぎり

材料（子ども1食分）

温かいごはん……120g
しらす干し……大さじ2（10g）
焼きのり（1cm幅）……2本
塩……少々

作り方

1 ボウルにごはん、しらすを入れ、混ぜる。2等分してラップで包んで俵形ににぎり、塩をふってのりを巻く。

ごまやかつお節をふっても　つくりおき

小松菜とパプリカのソテー

材料（子ども1食分）

小松菜とパプリカのソテー（P28・冷蔵）……1食分

作り方

1 小松菜とパプリカのソテーはラップをふんわりかけて、電子レンジで30秒加熱する。

パン粉を混ぜて召しあがれ！　つくりおき＋朝調理

コロッケ風そぼろ

材料（子ども1食分）

甘辛そぼろ（P28・冷蔵）……1食分
じゃがいも……⅓個（40g）
パン粉……小さじ1
サラダ油……小さじ½

作り方

1 甘辛そぼろはラップをふんわりかけて電子レンジで50秒加熱する。

2 じゃがいもは一口大に切り、水に5分ほどさらして水気をきる。耐熱ボウルに入れて水大さじ1を加え、ラップをふんわりかけて電子レンジで1分加熱する。水気をふき取ってフォークでつぶす。

3 フライパンにサラダ油を熱し、パン粉をきつね色になるまで炒める。

4 2に1を加えて混ぜ、カップに入れて3をかける。

ロールサンドイッチべんとう

一口サイズがかわいいサンドイッチ。子どもが喜ぶウインナーをたこさんに。

めかじきはほぐすとアレンジ自在 つくりおき＋朝調理

  めかじきのロールサンドイッチ

材料（子ども1食分）

サンドイッチ用食パン……2枚
めかじきのカレーピカタ
（P28・冷凍）……1食分
バター……適量
トマトケチャップ……小さじ1

作り方

1 めかじきのカレーピカタはラップをふんわりかけて、電子レンジで50秒加熱し、粗くほぐす。

2 食パンにバターとケチャップを等分ずつ塗り、1を半量ずつのせてくるくる巻く。ラップでぴっちり包み、5分ほどおいてなじませる。食べやすく切る。

さっぱり味で◎ つくりおき

 きゅうりのナムル

材料（子ども1食分）

きゅうりのナムル
（P29・冷凍）……1食分

作り方

1 きゅうりのナムルはラップをふんわりかけて、電子レンジで30秒加熱する。

手づかみ食べもOK！ 

 かぼちゃとツナのおやき

材料（子ども1食分）

かぼちゃとツナのサラダ
（P29・冷凍）……1食分
片栗粉……小さじ½
サラダ油……小さじ½

作り方

1 かぼちゃとツナのサラダはラップをふんわりかけて、電子レンジで40秒加熱する。

2 ボウルに1と片栗粉を入れて混ぜ合わせる。2等分して平たい円形にととのえる。

3 フライパンにサラダ油を熱し、2を2〜3分焼く。焼き色がついたら返し、さらに2〜3分焼く。

めかじきのピカタべんとう

再登場のめかじきのピカタは、チーズで味に変化を。おにぎりはハムやチーズで彩りよく！

のりを側面に巻いて食べやすく　朝調理

のり巻きおにぎり

材料（子ども1食分）
- 温かいごはん……120g
- 焼きのり（2cm幅）……2本
- ハム……½枚
- スライスチーズ……½枚
- 塩……少々

作り方

1 ハムとチーズは好みの抜き型で抜く。

2 ごはんは2等分してラップで包んで平たい円形ににぎり、塩をふってのりを巻く。おべんとう箱に詰め、1のハムとチーズをのせる。

わかめを足してミネラル補給　つくりおき＋朝調理

きゅうりとわかめのナムル

- きゅうりのナムル（P29・冷凍）……1食分
- カットわかめ（乾燥）……小さじ¼

作り方

1 きゅうりのナムルはラップをふんわりかけて、電子レンジで30秒加熱する。わかめは水に5分つけてもどし、ざく切りにして水気をふく。

2 ともにボウルに入れてさっと和える。

チーズがピカタに合う！　つくりおき＋朝調理

めかじきのカレーチーズピカタ

材料（子ども1食分）
- めかじきのカレーピカタ（P28・冷凍）……1食分
- ピザ用チーズ……5g

作り方

1 めかじきのカレーピカタはラップをふんわりかけて、電子レンジで50秒加熱する。

2 アルミ箔にめかじきのカレーピカタをのせ、チーズをのせてオーブントースターで4〜5分焼く。

茶巾にして食べやすく　つくりおき

かぼちゃとツナの茶巾

材料（子ども1食分）
- かぼちゃとツナのサラダ（P29・冷凍）……1食分

作り方

1 かぼちゃとツナのサラダはラップをふんわりかけて、電子レンジで40秒加熱する。ラップで茶巾のようにキュッと包む。

COLUMN

つくりおきおべんとうQ&A ❶

Q 栄養バランスが心配。どうするとバランスよく仕上がりますか？

A 作るときのおかずの「彩り」を意識しましょう

栄養バランスは「主食：主菜：副菜=2：1：1」が基本。副菜は赤色や緑色、黄色などを入れてカラフルに。つくりおきのおかずを選ぶときは色を意識するとよいですね。見た目の彩りがよいと、自然と栄養バランスがよくなります。**「1か月のつくりおきおべんとう（P16〜）」**をマネするだけで、栄養バランスのよいおべんとうが作れます。

Q レシピよりも味つけを薄くしてもいいですか？

A 薄くせずに、レシピのままで

子どものごはんの塩分は控えたいもの。この本では薄味だけど、日持ちするおいしいレシピを提案しています。**おべんとうは味が薄すぎると傷みやすくなる心配があるので、レシピの味つけを守ってください。**

Q 忙しい朝、効率よく準備するコツはありますか？

A おべんとうを冷ます時間を有効活用！

明日の朝は何を作るか、何からやるかといった**段取りを考えておくと、朝の作業がとってもスムーズになります。**おべんとうはごはんやおかずが完全に冷めてからフタをしたいもの。次の流れで行いましょう。

❶ おかずを電子レンジで加熱して、冷ます。
❷ おにぎりを作って（おべんとう箱にごはんを詰めて）、冷ます。
❸ おにぎりとおかずを詰める。

まず、❶、❷を。冷ましている間に朝食を用意したり食べたり、子どもの身じたくをしたりして時間を有効に活用しましょう。

Q つくりおきで、季節によって注意することはありますか？

A 梅雨時や夏は、傷まないようにとくに気をつけて

湿気が多く温度が高くなる**梅雨時や夏は、食べ物が傷みやすい**時期です。生野菜は避けましょう。「食材はしっかり中まで火を通す」「料理はきちんと冷ましてからおべんとう箱に詰める」などの**衛生面のルール（P10）をとくに意識しましょう。**

5日分のつくりおき

つくりおきするのはこの6品！

主菜にはほとんど野菜が入っていないので、野菜は副菜でたっぷり！　子どもが苦手な野菜には、かにかまや塩昆布など、うまみのある食材を合わせました。

1

2

3

薄切り肉だからかみ切りやすい

 くるくるとんかつ

材料（子ども3食分）

- 豚ロース薄切り肉……6枚（120g）
- 塩……少々
- 小麦粉……適量
- 溶き卵……½個分
- パン粉、サラダ油……各適量

作り方

1 豚肉は塩をふり、1枚ずつ短い辺を半分に折って端からくるくる巻く。小麦粉、卵、パン粉の順にまぶして衣をつける。

2 フライパンにサラダ油を深さ1cmほど入れて中温に熱し、**1**を入れる。時々返しながら3～4分揚げ焼きにし、火が通ったら油をきる。

Memo　おべんとう箱に詰めるときは、切りましょう！

子どもが喜ぶケチャップ味

 えびのケチャップ炒め

材料（子ども3食分）

- むきえび……15尾（150g）
- 玉ねぎ……⅛個（25g）
- A トマトケチャップ……大さじ1
- A 砂糖、しょうゆ……各小さじ¼
- サラダ油……小さじ1

作り方

1 玉ねぎはみじん切りにする。むきえびは片栗粉（分量外）をまぶして流水でもみ洗いをし、水気をふき取る。**A**は混ぜ合わせる。

2 フライパンにサラダ油を熱し、えびと玉ねぎを炒める。色が変わって火が通ったら、**A**を加えてさっとからめる。

キャベツとかにかまの相性ばっちり

 キャベツのコールスロー

材料（子ども3食分）

- キャベツ……1枚（80g）
- かに風味かまぼこ……2本（25g）
- 塩……少々
- A オリーブ油……小さじ1
- A 酢……小さじ½
- A 砂糖、塩……各少々

作り方

1 キャベツは3～4cm長さにし、2～3mm幅の細切りにする。かにかまは長さを3等分に切ってほぐす。キャベツに塩をふって軽くもみ、10分ほどおいて水気を絞る。

2 ボウルに**1**、**A**を入れてさっと和える。

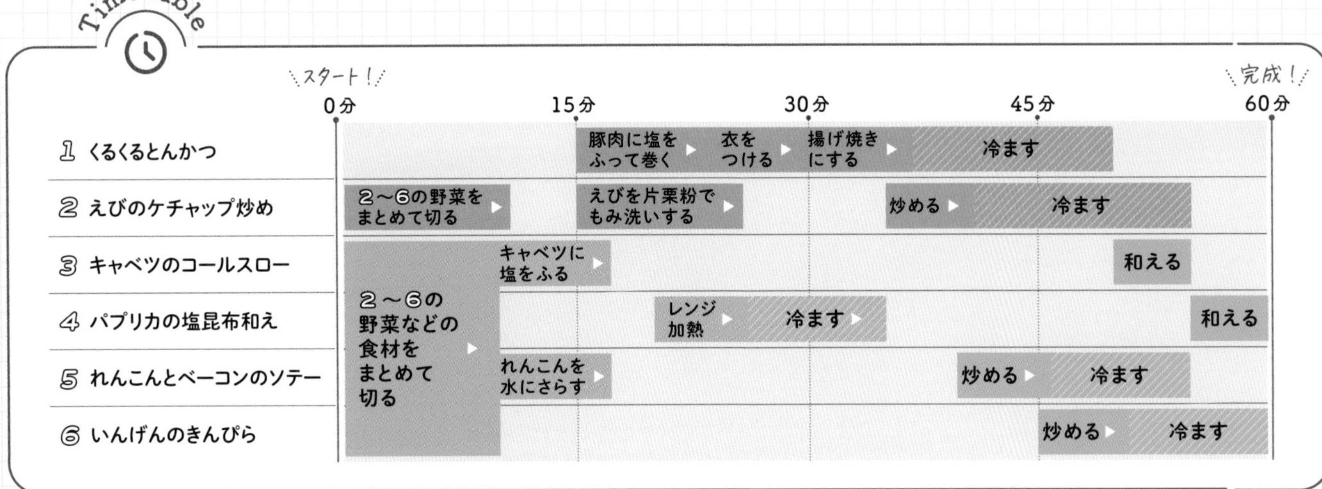

塩昆布で味が決まる

パプリカの塩昆布和え

材料（子ども3食分）

- パプリカ（黄）……½個（75g）
- A 塩昆布……大さじ½
- A 塩……少々

作り方

1 パプリカは5㎜幅に切り、長さを3等分に切る。耐熱ボウルに入れてラップをふんわりかけ、電子レンジで1分加熱する。

2 1にAを加えてさっと和える。

れんこんを食べやすい味つけに

れんこんとベーコンのソテー

材料（子ども3食分）

- れんこん……½節（100g）
- ベーコン……1枚（20g）
- オリーブ油……小さじ1
- A 粉チーズ……小さじ2
- A 塩……少々

作り方

1 れんこんは2〜3㎜厚さのいちょう切りにする。ベーコンは1㎝幅に切る。れんこんは水に5分ほどさらして水気をきる。

2 フライパンにオリーブ油を熱し、1を3分ほど炒める。Aを加えてさっとからめる。

ほんのり甘く食べやすい

いんげんのきんぴら

材料（子ども3食分）

- いんげん……10本（80g）
- ごま油……小さじ1
- A みりん……小さじ2
- A 酒、しょうゆ……各小さじ1

作り方

1 いんげんは3㎝長さに切る。

2 フライパンにごま油を熱し、1を5〜6分炒める。Aを加えてさっとからめる。

くるくるとんかつべんとう

つくりおきのとんかつがメイン。食べやすい大きさに切ります。

シンプルが一番！

朝調理

塩ごまおにぎり

材料(子ども1食分)

温かいごはん……120g
焼きのり(2cm幅)……2本
塩……少々
黒いりごま……少々

作り方

1 ごはんは2等分してラップで包んで三角ににぎり、塩をふる。

2 1にのりを巻き、ごまをふる。

断面を見せるように詰めて

つくりおき

くるくるとんかつ

材料(子ども1食分)

くるくるとんかつ(P36・冷蔵)……1食分

Point
レンジ加熱はラップなし！
揚げものは、キッチンペーパーにのせてラップなしで加熱を。

作り方

1 耐熱皿にキッチンペーパーを敷き、くるくるとんかつをのせる。ラップをかけずに電子レンジで50秒加熱する。

2 食べやすく切る。

さっぱりしていておいしい

つくりおき

キャベツのコールスロー

材料(子ども1食分)

キャベツのコールスロー(P36・冷蔵)……1食分

作り方

1 キャベツのコールスローはラップをふんわりかけて、電子レンジで30秒加熱する。

塩昆布の塩気がちょうどいい

つくりおき

パプリカの塩昆布和え

材料(子ども1食分)

パプリカの塩昆布和え(P37・冷蔵)……1食分

作り方

1 パプリカの塩昆布和えはラップをふんわりかけて、電子レンジで30秒加熱する。

えびのケチャップおにぎりべんとう

ほんのりピンク色のおにぎりがかわいい！　ミニトマトは、必ず切りましょう。

キャベツのヨーグルトコールスロー

ハムとチーズのくるくる ➡P56

いんげんのきんぴら

ミニトマト ➡P56

えびのケチャップおにぎり

刻んでごはんに混ぜるだけ　つくりおき＋朝調理

  えびのケチャップおにぎり

主食　主菜

材料（子ども1食分）

- 温かいごはん……120g
- えびのケチャップ炒め（P36・冷凍）……1食分
- 塩……少々

作り方

1 えびのケチャップ炒めはラップをふんわりかけて、電子レンジで50秒加熱し、1㎝大に刻む。

2 ボウルにごはん、1を入れて混ぜ、3等分してラップで包んで丸くにぎり、塩をふる。

Point

混ぜごはんをそのまま詰めても

おにぎりは手で直接食べられるので、カトラリーを使うのが苦手な子どもにおすすめです。カトラリーが上手に使えるようになったら、おにぎりにせず、そのままおべんとう箱に詰めても。

ヨーグルトを足してさわやか　つくりおき＋朝調理

 キャベツのヨーグルトコールスロー

副菜

材料（子ども1食分）

- キャベツのコールスロー（P36・冷蔵）……1食分
- プレーンヨーグルト（無糖）……小さじ1

作り方

1 キャベツのコールスローはラップをふんわりかけて、電子レンジで30秒加熱する。

2 ボウルに1とヨーグルトを入れてさっと和える。

どんな料理にも合う　つくりおき

 いんげんのきんぴら

副菜

材料（子ども1食分）

- いんげんのきんぴら（P37・冷凍）……1食分

作り方

1 いんげんのきんぴらはラップをふんわりかけて、電子レンジで30秒加熱する。

くるくる甘みそとんかつべんとう

甘みそがよく合うとんかつ。立てて入れると食べやすく、たれの味もなじみます。

くるくる甘みそとんかつ

パプリカの塩昆布マリネ

いんげんのきんぴらのり巻き

俵形おにぎり

魚肉ソーセージで彩りを　朝調理

俵形おにぎり

材料（子ども1食分）

- 温かいごはん……120g
- 魚肉ソーセージ（5㎜厚さの薄切り）……4枚
- 塩……少々

作り方

1. ごはんは2等分してラップで包んで、俵形ににぎり、塩をふる。
2. 魚肉ソーセージを好みの抜き型で抜き、1にのせる。

ごま香る甘みそ味が◎　つくりおき＋朝調理

くるくる甘みそとんかつ

材料（子ども1食分）

- くるくるとんかつ（P36・冷蔵）……1食分
- A
  - みそ……小さじ1/2
  - 砂糖、白すりごま、水……各小さじ1/4

作り方

1. 耐熱皿にキッチンペーパーを敷き、くるくるとんかつをのせる。ラップをかけずに電子レンジで50秒加熱する。食べやすく切る。
2. Aは混ぜ合わせ、1にのせる。

酢を加えてさっぱりと　つくりおき＋朝調理

パプリカの塩昆布マリネ

材料（子ども1食分）

- パプリカの塩昆布和え（P37・冷蔵）……1食分
- 酢……小さじ1/2

作り方

1. パプリカの塩昆布和えはラップをふんわりかけて、電子レンジで30秒加熱する。
2. ボウルに1と酢を入れてさっと和える。

のりで巻いて食べやすく

いんげんのきんぴらのり巻き

材料（子ども1食分）

- いんげんのきんぴら（P37・冷凍）……1食分
- 焼きのり（2㎝幅）……4本

作り方

1. いんげんのきんぴらはラップをふんわりかけて、電子レンジで30秒加熱する。
2. のり1本にいんげんを4等分してのせ、くるくる巻く。

えびのトマトパスタべんとう

つるつるっと食べるのが楽しいスパゲッティが主役。緑の野菜で彩りをプラス!

ゆで野菜 ➡P56

えびのトマトパスタ

れんこんとベーコンのソテー

マカロニやペンネで作っても◎ 

えびのトマトパスタ

材料(子ども1食分)

スパゲッティ……50g
えびのケチャップ炒め
(P36・冷凍)……1食分
トマト……½個(100g)
塩……少々
オリーブ油……小さじ½

作り方

1 えびのケチャップ炒めはラップをふんわりかけて、電子レンジで50秒加熱する。トマトは1㎝大に切る。

2 スパゲッティは長さを半分に折り、袋の表示通りにゆでる。ざるにあげて流水で洗ってぬめりを落とし、水気をきってオリーブ油をからめる。

3 フライパンに**1**を入れて2～3分煮る。とろっとしたら、**2**を加えてさっとからめ、塩を混ぜる。

(Point)

スパゲッティは巻いて!

スパゲッティは冷めると盛りづらいので、温かいうちにおべんとう箱に詰めましょう。フォークでくるくると一口大に巻いておくと、子どもが食べやすくなります。

チーズ味なのでパスタと好相性 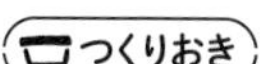

れんこんとベーコンのソテー

材料(子ども1食分)

れんこんとベーコンのソテー
(P37・冷凍)……1食分

作り方

1 れんこんとベーコンのソテーはラップをふんわりかけて、電子レンジで30秒加熱する。

3週目
金曜日
FRIDAY

えびケチャ炒めべんとう

ごはんがすすむケチャップ味！　かわいらしいちくわひよこがたまりません。

えびとアスパラのケチャップ炒め
れんこんのカレーソテー
ひよこごはん
いんげんのごまきんぴら

ちくわひよこが見た目と味のアクセントに　朝調理

ひよこごはん

材料（子ども1食分）
- 温かいごはん……120g
- ちくわひよこ（P56）……3個

作り方

1 ごはんはおべんとう箱に詰める。ちくわひよこをのせる。

白ごまで香りのアクセントをつけて　つくりおき

いんげんのごまきんぴら

材料（子ども1食分）
- いんげんのきんぴら（P37・冷凍）……1食分
- 白いりごま……少々

作り方

1 いんげんのきんぴらはラップをふんわりかけて、電子レンジで30秒加熱する。おべんとう箱に詰めて白ごまをふる。

アスパラはブロッコリーでも　つくりおき＋朝調理

えびとアスパラのケチャップ炒め

材料（子ども1食分）
- えびのケチャップ炒め（P36・冷凍）……1食分
- アスパラガス……1本（20g）
- サラダ油……小さじ1/2
- 塩……少々

作り方

1 えびのケチャップ炒めはラップをふんわりかけて、電子レンジで50秒加熱する。

2 アスパラは根元を落として、下1/3の皮をむき、1㎝厚さの斜め切りにする。

3 フライパンにサラダ油を熱し、2をさっと炒める。しんなりしたら1を加えてさっとからめ、塩で味をととのえる。

カレー粉をふってアレンジ　つくりおき

れんこんのカレーソテー

材料（子ども1食分）
- れんこんとベーコンのソテー（P37・冷凍）……1食分
- カレー粉……少々

作り方

1 れんこんとベーコンのソテーはラップをふんわりかけて、電子レンジで30秒加熱する。おべんとう箱に詰めてカレー粉をふる。

COLUMN

つくりおきおべんとうQ&A ②

Q 夕食で余ったおかずを冷蔵・冷凍して、おべんとうに入れてもいいですか？

A 衛生面が心配なので入れるのはやめましょう

つくりおきは、安全においしく保存することがきほん。雑菌の繁殖を防ぐためには作りたてを保存（冷蔵・冷凍）することが大事なので、夕食で食卓においていたおかずを保存するのはNGです。 しかも、**おべんとうは持ち歩いたり、食べるまで室温においておいたり…と衛生管理が十分とも言えません。なので、前夜のおかずを入れるのはやめましょう。**

Q 子どもが小食。どうしたらいいですか？

A 食べきれる量を詰めましょう

小食だったり、食べるのが遅かったりする場合は、**好きなおかずを食べきれる量で詰めてあげましょう。**家で食べている量よりも少なくて構いません。食べきると「全部食べられた！」と子どもの自信にもつながります。

Q 好き嫌いが多い。どうしたらいいですか？

A おべんとうには好きなものを入れましょう

子どもが苦手な食材をおべんとうに入れる必要はありません。食べるときにお父さんやお母さんが一緒にいないだけでも、子どもにはちょっとしたチャレンジ。**おべんとうで重視すべきは、おいしく、楽しく食べてもらうことなので、子どもが食べ慣れている好きなおかずを入れましょう。**好き嫌いが多くて入れられるものがほとんどない…という場合も、好きなものだけでも構いません。

Q 同じおかずが続くのを嫌がります。どうやってつくりおきするといいですか？

A アレンジ&冷凍保存がおすすめです！

同じおかずでも、ごまをふる、かつお節をまぶす、マヨネーズで和えるなど、**味に変化をつけることができます。**また、冷蔵保存だと同じおかずが続きがちですが、冷凍は2週間保存できるので、**冷凍保存をメインにするのも◎。**また、アレンジのバリエーションが豊富な**下味冷凍（P100）を活用するのもおすすめ**です。

5日分のつくりおき

つくりおきするのはこの5品！

主菜は下味冷凍も取り入れてアレンジしやすく！ 副菜は食感が楽しめたり、食べやすいマヨ味に。1品をゆで野菜にすると、主菜に合わせて味つけが変えられて便利です。

シンプルな味で食べやすい

から揚げ

材料（子ども3食分）

鶏もも肉……………$\frac{1}{2}$枚（150g）
A［酒、しょうゆ……………各小さじ1
小麦粉、サラダ油……………各適量

作り方

1 鶏肉は3cm大に切る。**A**をもみ込み、10分ほどおく。水気をふき取って小麦粉をまぶす。

2 フライパンにサラダ油を深さ1cmほど入れて中温に熱し、**1**を入れる。時々返しながら3～4分揚げ焼きにし、油をきる。

豚肉に味つけして冷凍保存

豚肉の甘辛漬けの素

材料（子ども3食分）

豚こま切れ肉……………100g
玉ねぎ……………$\frac{1}{4}$個（50g）
A［酒……………大さじ$\frac{1}{2}$
　しょうゆ、みりん……………各大さじ$\frac{1}{2}$
　砂糖……………小さじ$\frac{1}{2}$］

作り方

1 玉ねぎは薄切りにして、長さを半分に切る。豚肉は3cm幅に切る。

2 ボウルに**1**、**A**を入れてもみ込む。3等分してラップで包み、冷凍用保存袋に入れて冷凍する。

Memo
「豚肉の甘辛漬けの素」から3品作りました。
●豚肉のポケットサンドイッチ（P47）
●豚肉の甘辛焼きうどん（P50）
●豚肉と小松菜の甘辛炒め（P51）

「下味冷凍」も活用すると便利！

肉や魚介などの食材に調味料で下味をつけて冷凍しておくのが「下味冷凍」です。

下味冷凍のメリット

● **味がなじんでおいしい！**

朝、下味をつける時間のゆとりはなかなかありません。事前に下味をつけて冷凍しておけば、しっかり味がなじみます。

● **レパートリーが増える！**

加熱していないので、当日の朝、炒めたり焼いたりします。そのときに合わせる食材によって、主食にも、主菜にも展開できます。

下味冷凍の解凍方法

解凍方法❶
● **冷蔵室でゆっくり解凍**

冷蔵室で解凍すると、ドリップが出にくいのでおいしく解凍できます。3～4時間あれば解凍できるので、前夜に冷蔵室に移すと簡単。室温に出して解凍するのは衛生面で心配なので、避けましょう。

解凍方法❷
● **電子レンジで加熱して解凍**

急ぐときは電子レンジで20秒ほど加熱するか、解凍機能を使いましょう。量が少ないため、部分的に熱が入りすぎることがあるので様子を見ながら加熱を！

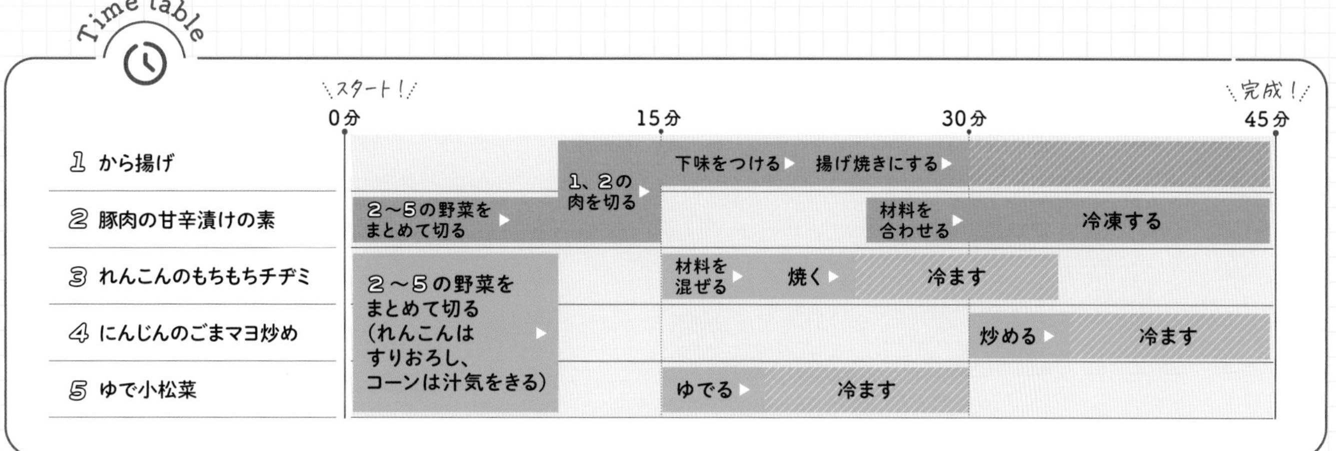

れんこんでもちもち食感に

れんこんのもちもちチヂミ

材料(子ども3食分)

- れんこん……½節(100g)
- しらす干し……大さじ1(5g)
- コーン……小さじ2(8g)
- A 片栗粉……大さじ1と⅓
- A 塩……少々
- サラダ油……小さじ1

作り方

1 れんこんはすりおろす。コーンは汁気をきる。

2 ボウルに1、しらす、Aを入れて混ぜる。

3 フライパンにサラダ油を熱し、2を⅙量ずつスプーンで落とし入れる。焼き色がついたら返し、弱火にして2分ほど焼く。

マヨネーズで炒めるとコクが出ます

にんじんのごまマヨ炒め

材料(子ども3食分)

- にんじん……½本(80g)
- マヨネーズ……小さじ2
- A 白すりごま……小さじ1
- A 塩……少々

作り方

1 にんじんは3cm長さの細切りにする。

2 フライパンにマヨネーズを熱し、1を炒める。しんなりしたらAを加えてさっと炒める。

野菜はゆでて冷凍しておくと便利

ゆで小松菜

材料(子ども3食分)

- 小松菜……⅓束(100g)

作り方

1 小松菜は3cm長さに切る。

2 1分ほどゆでて、しんなりしたらざるにあげて粗熱をとり、水気を絞る。

Memo ゆで小松菜を作らずに市販の冷凍小松菜を使ってもOK!

から揚げべんとう

から揚げと卵焼き、王道の組み合わせ。卵焼きはハートにするとかわいい！

ハートの卵焼き ➡P58

にんじんのごまマヨ炒め

から揚げ

枝豆コーンおにぎり

小松菜ののりポン酢和え

枝豆とコーンで彩りよく　朝調理

 枝豆コーンおにぎり

材料（子ども1食分）

- 温かいごはん……120g
- 冷凍枝豆（さやつき）……10g（正味5g）
- コーン……小さじ2（8g）
- 塩……少々

作り方

1 コーンは汁気をきる。枝豆は解凍してさやから出し、粗く刻む。

2 ボウルにごはん、1を入れ、混ぜる。2等分してラップで包んで丸くにぎり、塩をふる。

冷めてもおいしい定番おかず　つくりおき

 から揚げ

材料（子ども1食分）

- から揚げ（P44・冷蔵）……1食分

Point

レンジ加熱はラップなし！

揚げものは、キッチンペーパーにのせてラップなしで加熱を。

作り方

1 耐熱皿にキッチンペーパーを敷き、から揚げをのせる。ラップをかけずに、電子レンジで50秒加熱する。

のりポン酢で和えて！　つくりおき＋朝調理

 小松菜ののりポン酢和え

材料（子ども1食分）

- ゆで小松菜（P45・冷凍）……1食分
  ※市販の冷凍小松菜（30g）を使用してもOK!
- 焼きのり……少々
- ポン酢しょうゆ……小さじ$\frac{1}{2}$

作り方

1 ゆで小松菜はラップをふんわりかけて、電子レンジで40秒加熱する。

2 ボウルに1の水気をきって入れ、ちぎったのり、ポン酢を加えてさっと和える。

細切りだから食べやすい　つくりおき

 にんじんのごまマヨ炒め

材料（子ども1食分）

- にんじんのごまマヨ炒め（P45・冷蔵）……1食分

作り方

1 にんじんのごまマヨ炒めはラップをふんわりかけて、電子レンジで30秒加熱する。

4週目 火曜日 TUESDAY

ポケットサンドイッチべんとう

下味冷凍した豚肉を炒めて、サンドイッチに！　副菜2品で栄養もボリュームもたっぷり。

甘辛味はパンにも合います　つくりおき＋朝調理

豚肉の ポケットサンドイッチ

主食 主菜

材料（子ども1食分）

食パン（6枚切り）……1枚
豚肉の甘辛漬けの素（P44・冷凍）……1食分
サラダ油……小さじ½

作り方

1 豚肉の甘辛漬けの素は冷蔵室に3時間以上おいて解凍する。
2 フライパンにサラダ油を熱し、1を入れて2～3分炒める。
3 食パンは4等分に切って切り込みを入れ、2を挟む。

(Point)
解凍は前夜に冷蔵室に移すと簡単！
下味冷凍は前夜に冷蔵室に移すと、おいしく解凍できます。急いでいるときは、電子レンジで20秒ほど加熱するか、解凍機能を使って。くわしくはP44参照。

もちもち食感が◎　つくりおき

れんこんのもちもちチヂミ

副菜

材料（子ども1食分）

れんこんのもちもちチヂミ（P45・冷蔵）……1食分

作り方

1 れんこんのもちもちチヂミはラップをふんわりかけて、電子レンジで30秒加熱する。

かつお節をふっても　つくりおき

にんじんのごまマヨ炒め

副菜

材料（子ども1食分）

にんじんのごまマヨ炒め（P45・冷蔵）……1食分

作り方

1 にんじんのごまマヨ炒めはラップをふんわりかけて、電子レンジで30秒加熱する。

ハニーマヨから揚げべんとう

大好きなから揚げをハニーマヨだれでからめます。ミニトマトは必ず切ってから詰めて！

ハニーマヨから揚げ

佃煮ごはん

れんこんのもちもちチヂミ

小松菜のお浸し

ミニトマト ➡P56

佃煮でごはんがすすむ

佃煮ごはん

材料（子ども1食分）

温かいごはん……………………120g
昆布の佃煮……………………大さじ½

作り方

1 ごはんはおべんとう箱に詰め、昆布の佃煮をのせる。

かつお節の代わりにごまでも

小松菜のお浸し

材料（子ども1食分）

ゆで小松菜（P45・冷凍）
……………………………………1食分
※市販の冷凍小松菜（30g）を使用してもOK!

A
- かつお節…………ひとつまみ
- めんつゆ（3倍濃縮タイプ）…………………………小さじ⅓

作り方

1 ゆで小松菜はラップをふんわりかけて、電子レンジで40秒加熱する。

2 **1**の水気を絞ってボウルに入れ、**A**を加えてさっと和える。

甘いのがおいしい！

ハニーマヨから揚げ

材料（子ども1食分）

から揚げ（P44・冷蔵）……1食分

A
- マヨネーズ……………小さじ1
- はちみつ………………小さじ¼

作り方

1 耐熱皿にキッチンペーパーを敷き、から揚げをのせる。ラップをかけずに、電子レンジで50秒加熱する。

2 ボウルに**1**、**A**を入れてさっと和える。

（Point）
レンジ加熱はラップなし！
揚げものは、キッチンペーパーにのせてラップなしで加熱を。

冷めてももちもち！

つくりおき

れんこんのもちもちチヂミ

材料（子ども1食分）

れんこんのもちもちチヂミ
（P45・冷蔵）………………1食分

作り方

1 れんこんのもちもちチヂミはラップをふんわりかけて、電子レンジで30秒加熱する。

副菜2品を追加でつくりおき！

水曜につくりおきしたおかずは、残り2日分のおべんとうに入れるので、
冷蔵でOK！　そのまま食べるのはもちろん、味変しても。

Time table

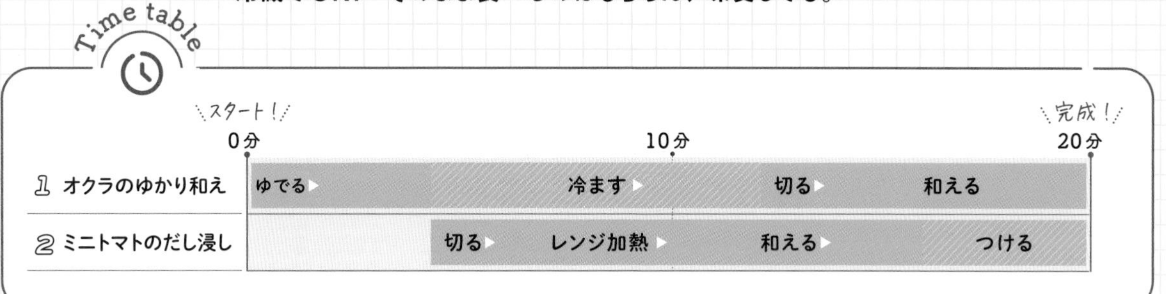

つくりおきするのはこの2品！

1

2

粘り気でふりかけがよくからむ

オクラのゆかり和え

材料(子ども3食分)

オクラ……5本(40g)
赤じそふりかけ……小さじ¼

作り方

1 オクラはさっとゆでる。ざるにあげて粗熱をとり、がく部分から切り落として、1cm厚さの小口切りにする。

2 ボウルに**1**と赤じそふりかけを入れてさっと和える。

Memo 市販の冷凍オクラを使ってもOK!

つくりおきするとだしがよくなじむ

ミニトマトのだし浸し

材料(子ども3食分)

ミニトマト……6個(60g)
A 水……大さじ3
A しょうゆ……小さじ¼
A 和風だしの素……小さじ⅛
A 塩……少々

作り方

1 ミニトマトは4等分に切る。

2 耐熱ボウルに**A**を混ぜ合わせてラップをふんわりかけ、電子レンジで1分加熱する。

3 **2**に**1**を加えてさっと混ぜ、冷蔵室で20分以上つけ込む。

豚肉の焼きうどんべんとう

つるんと食べやすい焼きうどんは、肉も野菜も入っていて栄養満点！

豚肉の
甘辛焼きうどん

オクラの
ゆかり和え

ミニトマトの
だし浸し

うどんは食べやすく切って　つくりおき＋朝調理

豚肉の甘辛焼きうどん

材料(子ども1食分)

ゆでうどん……… ¾袋(150g)
豚肉の甘辛漬けの素
(P44・冷凍)……… 1食分
キャベツ……… 大⅓枚(30g)
サラダ油……… 小さじ½
しょうゆ……… 小さじ2

作り方

1 豚肉の甘辛漬けの素は冷蔵室に3時間以上おいて解凍する。キャベツは3㎝大に切る。うどんは半分に切る。

2 フライパンにサラダ油を熱し、豚肉の甘辛漬けの素を3～4分炒める。キャベツを加えてさっと炒め、うどん、水大さじ1を加えてうどんをほぐしながら2分炒める。しょうゆを加えて炒め合わせる。

(Point)

下味冷凍は前夜に冷蔵室に移すと楽ちん

下味冷凍は前夜に冷蔵室に移すと、おいしく解凍できます。急いでいるときは、電子レンジで20秒ほど加熱するか、解凍機能を使って。くわしくはP44参照。

オクラの粘り気が◎　つくりおき

オクラのゆかり和え

材料(子ども1食分)

オクラのゆかり和え(P49・冷蔵)
……… 1食分

作り方

1 オクラのゆかり和えはラップをふんわりかけて、電子レンジで30秒加熱する。

やさしい味わい　つくりおき

ミニトマトのだし浸し

材料(子ども1食分)

ミニトマトのだし浸し
(P49・冷蔵)……… 1食分

作り方

1 ミニトマトのだし浸しはラップをふんわりかけて、電子レンジで30秒加熱する。

4週目 金曜日 FRIDAY

豚肉の甘辛炒めべんとう

豚肉は、甘辛味だから箸がすすみます。

ほのかに甘くておいしい　朝調理

コーンおにぎり

材料(子ども1食分)

温かいごはん……120g
コーン……小さじ2(8g)
塩……少々

作り方

1 コーンは汁気をきる。

2 ボウルにごはん、1を入れ、混ぜる。2等分してラップで包んで丸くにぎり、塩をふる。

チーズでボリュームアップ！　つくりおき＋朝調理

オクラとチーズのゆかり和え

材料(子ども1食分)

オクラのゆかり和え(P49・冷蔵)……1食分
プロセスチーズ……10g

作り方

1 オクラのゆかり和えはラップをふんわりかけて、電子レンジで30秒加熱する。

2 ボウルに1cm角に切ったチーズ、1を入れてさっと和える。

小松菜は市販の冷凍野菜でも　つくりおき＋朝調理

豚肉と小松菜の甘辛炒め

材料(子ども1食分)

豚肉の甘辛漬けの素(P44・冷凍)……1食分
ゆで小松菜(P45・冷凍)…1食分
サラダ油……小さじ½
しょうゆ……小さじ¼

作り方

1 豚肉の甘辛漬けの素は冷蔵室に3時間以上おいて解凍する。ゆで小松菜はラップをふんわりかけて電子レンジで40秒加熱する。

2 フライパンにサラダ油を熱し、豚肉を3～4分炒める。小松菜を加えてさっと炒め、しょうゆを加えてからめる。

かつお節でうまみがグンと増す　つくりおき＋朝調理

ミニトマトのおかかまぶし

材料(子ども1食分)

ミニトマトのだし浸し(P49・冷蔵)……1食分
かつお節……ひとつまみ

作り方

1 ミニトマトのだし浸しはラップをふんわりかけて、電子レンジで30秒加熱する。ボウルに入れ、かつお節と和える。

●「豚肉の甘辛漬けの素」の解凍を急ぐときは、電子レンジで20秒ほど加熱するか、解凍機能を使いましょう。

＼＼みんな大好き！//

おにぎりバリエーション 10

毎日欠かせない主食。1つずつラップに包んで冷凍しておくと便利です。

※冷凍保存したおにぎりは、電子レンジで1分ほど加熱して解凍してください。

手作りふりかけ❶

鮭フレーク

定番を手作りに！

材料と作り方(3食分)

1 生鮭大1切れ(100g)は皮と骨を取って、1㎝厚さのそぎ切りにする。3～4分ほどゆでてざるにあげる。

2 フライパンに**1**を入れてほぐしながら3分炒める。水分がとんでパラッとしたら酒小さじ1、塩小さじ¼を加えてさっとからめる。

1

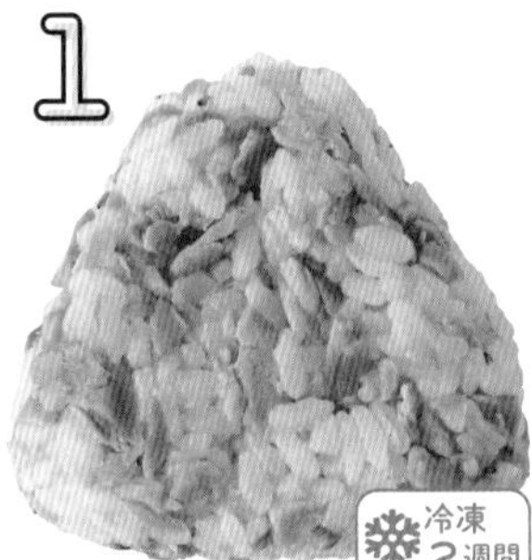

鮭フレークを使って

鮭とごまは相性抜群！

鮭ごまおにぎり

材料と作り方(1食分)

1 ボウルに温かいごはん120g、鮭フレーク(上記)⅓量(25g)、白いりごま小さじ1を入れて混ぜる。2～3等分してラップで包んでにぎり、塩少々をふる。

手作りふりかけ❷

いり卵

卵にほんのり甘みを足して

材料と作り方(3食分)

1 ボウルに卵1個を溶きほぐし、砂糖大さじ½、塩少々を加えて混ぜる。

2 フライパンにサラダ油少々を熱し、油をなじませる。**1**を流し入れ、箸で混ぜながらポロポロになるまで2分ほど炒める。

いり卵を使って

卵の黄色と枝豆の緑色で彩りよく！

2

枝豆いり卵おにぎり

冷凍
2週間

材料と作り方(1食分)

1 冷凍枝豆(さやつき)10g(正味5g)は解凍してさやから出し、粗く刻む。

2 ボウルに温かいごはん120g、いり卵(上記)⅓量(20g)、**1**を入れて混ぜる。2～3等分してラップで包んでにぎり、塩少々をふる。

手作りふりかけ❸

えびそぼろ

いつものそぼろも格別のおいしさ

材料と作り方(3食分)

1 桜えび大さじ1は粗く刻む。

2 フライパンにサラダ油小さじ1を熱し、鶏ひき肉100gを3～4分炒める。色が変わってポロポロになったら、**1**、酒小さじ1、塩小さじ¼を加えてさっと炒める。

えびそぼろを使って

えびの香ばしさで食欲がわく！

3

えびそぼろおにぎり

冷凍
2週間

材料と作り方(1食分)

1 ボウルに温かいごはん120g、えびそぼろ(上記)⅓量(25g)を入れて混ぜる。2～3等分してラップで包んでにぎり、塩少々をふる。

手作りふりかけ❹

梅ひじき

芽ひじきを使うと切る手間いらず

材料と作り方(3食分)

1 芽ひじき(乾燥)大さじ1(3g)は水に10分ほどつけてもどし、水気をきる。梅干し½個(6g)は種を取ってたたく。

2 フライパンにサラダ油小さじ½を熱し、ひじきを入れる。2分ほど炒めたらA[しょうゆ小さじ1、はちみつ小さじ½]、梅干しを加えて汁気がなくなるまで炒める。

梅ひじきを使って

ビタミンとミネラルがたっぷり！

4

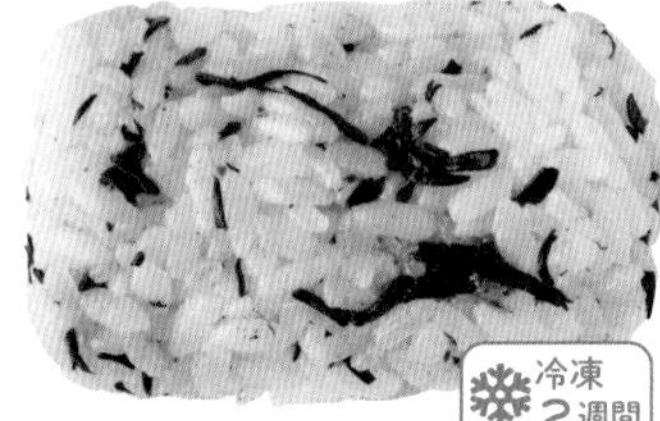

梅ひじきおにぎり

材料と作り方(1食分)

1 ボウルに温かいごはん120g、梅ひじき(上記)⅓量(10g)を入れて混ぜる。2～3等分してラップで包んでにぎり、塩少々をふる。

5

塩気と甘みが絶妙

かにかまコーンおにぎり

材料と作り方（1食分）

1 かに風味かまぼこ2本（25g）は1㎝長さに切る。コーン大さじ1（12g）は汁気をきる。

2 ボウルに温かいごはん120g、1を入れて混ぜる。2〜3等分してラップで包んでにぎり、塩少々をふる。

6

青のりとしらすで海の風味に

青のりしらすおにぎり

冷凍
2週間

材料と作り方（1食分）

1 ボウルに温かいごはん120g、しらす干し大さじ1（5g）、青のり小さじ½を入れて混ぜる。2〜3等分してラップで包んでにぎり、塩少々をふる。

7

わかめでミネラル補給！

ゆかりわかめおにぎり

材料と作り方（1食分）

1 カットわかめ（乾燥）小さじ½は水に5分ほどつけてもどす。水気をふき、みじん切りにする。

2 ボウルに温かいごはん120g、1、赤じそふりかけ小さじ½を入れて混ぜる。2〜3等分してラップで包んでにぎり、塩少々をふる。

8

口の中はまるでオムライス！

オムライス風おにぎり

材料と作り方（1食分）

1 ボウルに溶き卵½個分、粉チーズ小さじ½を入れて混ぜる。

2 フライパンにサラダ油小さじ½を熱し、1を流し入れる。さっと炒めてそぼろ状にする。

3 ハム1枚（10g）は1㎝大に切る。

4 ボウルに温かいごはん120g、3、トマトケチャップ大さじ1を入れて混ぜ、2を加えてさっと混ぜる。2〜3等分してラップで包んでにぎる。

9

風味のよいおかかとチーズの塩気がよく合う！

おかかチーズおにぎり

材料と作り方（1食分）

1 プロセスチーズ20gは1㎝角に切る。

2 ボウルに温かいごはん120g、1、かつお節大さじ1、めんつゆ（3倍濃縮タイプ）小さじ½を入れて混ぜる。2〜3等分してラップで包んでにぎり、塩少々をふる。

10

たらこのピンクといんげんの緑色が鮮やか！

たらこいんげんおにぎり

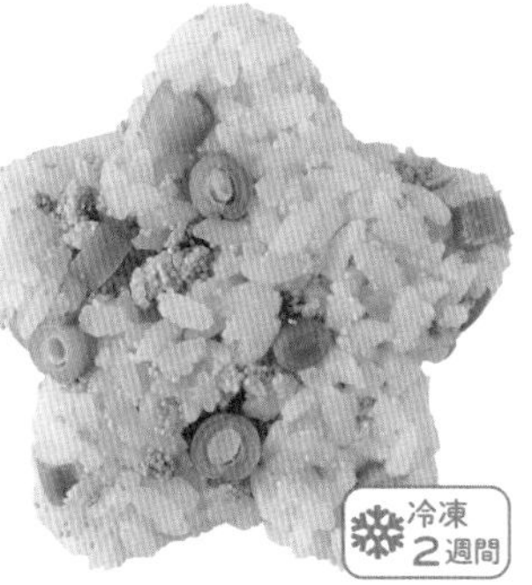

材料と作り方（1食分）

1 耐熱皿にたらこ20g、いんげん1本（8g）をのせてラップをふんわりかけ、電子レンジで30秒加熱する。たらこの薄皮を取ってほぐし、いんげんは5㎜厚さの小口切りにする。

2 ボウルに温かいごはん120g、1を入れて混ぜる。2〜3等分してラップで包んでにぎり、塩少々をふる。

子どもが喜ぶ！
サンドイッチバリエーション12

食べやすい食材や形は子どもによって違うので、いろいろ試してみてください。具が多いと、食べづらいので少なめに。

※冷凍保存したサンドイッチは、電子レンジで1分～1分30秒加熱して解凍してください。

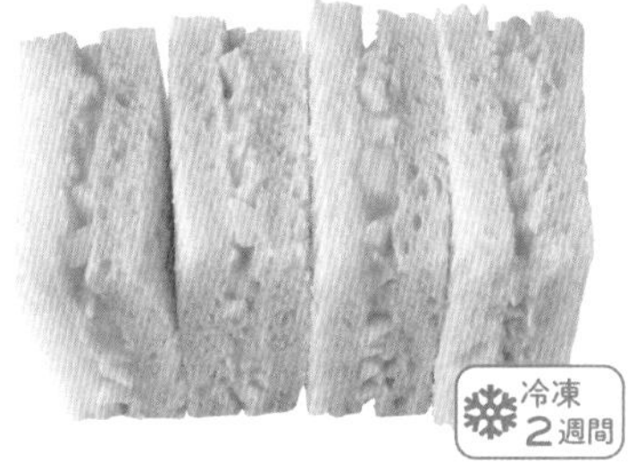

1

サンドイッチの定番！

卵サンドイッチ

冷凍 2週間

材料と作り方（1食分）

1 ゆで卵½個は粗く刻んでボウルに入れ、マヨネーズ大さじ½、塩少々を加えて混ぜる。

2 サンドイッチ用食パン2枚にバター適量を塗る。1枚に**1**をのせてもう1枚のパンで挟む。食べやすい大きさに切る。

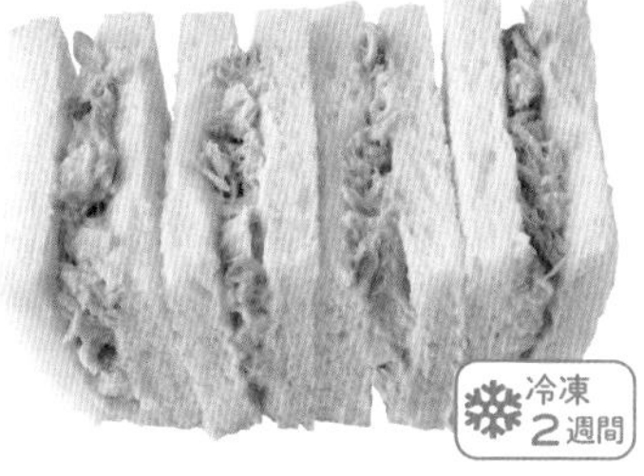

2

ツナマヨは王道の組み合わせ

ツナマヨ サンドイッチ

冷凍 2週間

材料と作り方（1食分）

1 ツナ（水煮）½缶（35g）は汁気をきってボウルに入れ、マヨネーズ大さじ½を加えて和える。

2 サンドイッチ用食パン2枚にバター適量を塗る。1枚に**1**をのせて広げ、もう1枚のパンで挟む。食べやすい大きさに切る。

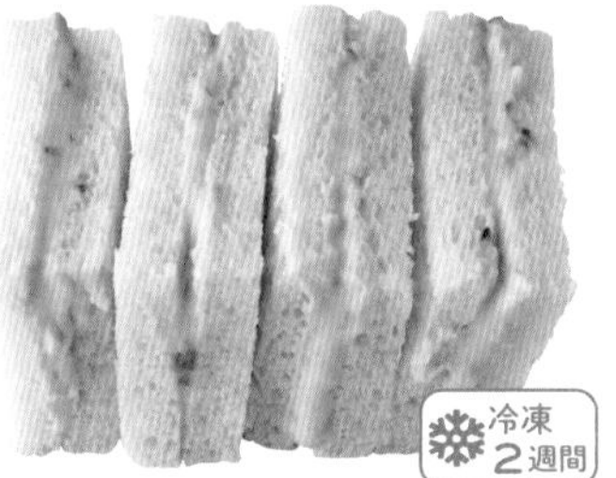

3

お好みのジャムでもどうぞ！

ジャムチーズ サンドイッチ

冷凍 2週間

材料と作り方（1食分）

1 クリームチーズ20gは室温にもどしてボウルに入れ、いちごジャム小さじ2を加えて混ぜる。

2 サンドイッチ用食パン2枚のうち1枚に**1**を塗り、もう1枚のパンで挟む。食べやすい大きさに切る。

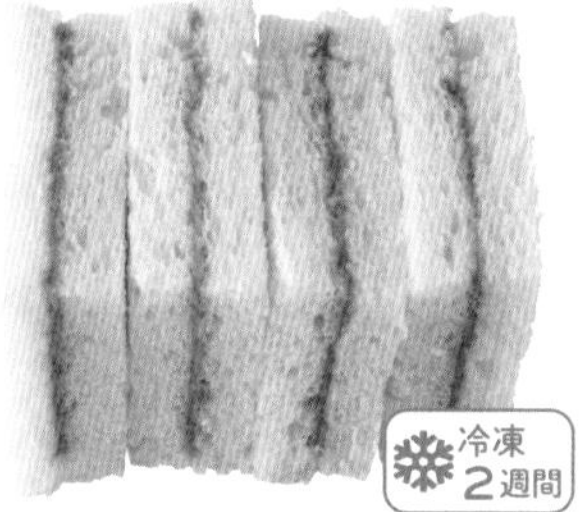

4

意外な組み合わせが合う！

きな粉クリーム サンドイッチ

冷凍 2週間

材料と作り方（1食分）

1 ボウルにきな粉大さじ½、豆乳（無調整）小さじ1、砂糖小さじ½を入れて混ぜ合わせる。

2 サンドイッチ用食パン2枚のうち1枚に**1**を塗り、もう1枚のパンで挟む。食べやすい大きさに切る。

5

ケチャップはかけすぎ注意！

オムレツの ロールパンサンドイッチ

冷凍 2週間

材料と作り方（1食分）

1 ツナ（水煮）¼缶（20g）は汁気をきる。ロールパン1個（30g）は半分に切って切り込みを入れる。

2 ボウルに溶き卵½個分、ツナ、玉ねぎの粗いみじん切り大さじ1、マヨネーズ小さじ½を入れて混ぜ合わせる。

3 フライパンにサラダ油小さじ1を熱し、**2**を流し入れて、さっと炒める。

4 ロールパンに**3**を等分ずつ挟んで、トマトケチャップ適量をかける。

※冷凍保存するときは、解凍後にケチャップをかける。

6

ほんのりピンク色がかわいいタラモ

タラモサラダの ロールパンサンドイッチ

冷凍 2週間

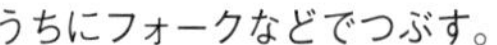

材料と作り方（1食分）

1 たらこ5gは薄皮を取って耐熱ボウルに入れ、ふんわりラップをかけて電子レンジで20秒加熱する。

2 じゃがいも¼個（30g）は一口大に切り、水に5分さらして水気をきる。別の耐熱ボウルに入れて水大さじ½を加え、ふんわりラップをかけて電子レンジで1分30秒加熱する。水気をふき取って、熱いうちにフォークなどでつぶす。

3 ロールパン1個（30g）は半分に切って切り込みを入れる。冷凍枝豆（さやつき）3粒は解凍してさやから出し、半分に切る。

4 **2**に**1**とマヨネーズ大さじ½を混ぜ合わせる。ロールパンに等分ずつ挟み、枝豆を等分ずつのせる。

7

白とピンクのうず巻き模様がかわいい！

ハムチーズのロールサンドイッチ

材料と作り方(1食分)

1 サンドイッチ用食パン2枚のうち1枚に、ハム2枚(20g)とスライスチーズ2枚(32g)のうちの1枚ずつをのせてくるくる巻く。残りも同様にする。

2 それぞれをラップでぴっちり包んで10分ほどおき、なじませる。食べやすく切る。

8

やさしい甘さはおやつにも◎

さつまいものロールサンドイッチ

材料と作り方(1食分)

1 さつまいも¼本(50g)は皮をむいて一口大に切り、水に5分さらして水気をきる。耐熱ボウルに入れて水大さじ1を加え、ラップをふんわりかけて電子レンジで2分加熱する。水気をふき取り、熱いうちにフォークなどでつぶす。

2 レーズン5gは刻んで、**1**に加える。牛乳小さじ1～2、はちみつ小さじ½も加えて混ぜる。

3 サンドイッチ用食パン2枚のうち1枚に**2**の半量を塗り広げてくるくる巻く。残りも同様にする。それぞれをラップでぴっちり包んで10分ほどおき、なじませる。食べやすく切る。

9

皮つきで作るから、赤色がアクセントに

りんごチーズのロールサンドイッチ

材料と作り方(1食分)

1 りんご¼個(40g)は皮つきのまま1㎝角に切る。耐熱ボウルに入れて砂糖小さじ1、レモン汁小さじ½をからめ、ラップをふんわりかけて電子レンジで1分加熱する。

2 クリームチーズ30gはボウルに入れて室温にもどし、なめらかになるまで混ぜる。りんごの汁気をきって加えて混ぜる。

3 サンドイッチ用食パン2枚のうち1枚に**2**の半量を塗り広げてくるくる巻く。残りも同様にする。それぞれをラップでぴっちり包んで10分ほどおき、なじませる。食べやすく切る。

10

甘さ控えめなので主食にもなります

フレンチトースト

材料と作り方(2食分)

1 バットに卵1個を溶きほぐして、牛乳½カップ、砂糖大さじ1を加えて混ぜ合わせる。食パン(6枚切り)1枚は6等分に切る。

2 卵液に食パンを入れて、時々返しながら、1時間ほどつけ込む。

3 フライパンを熱してサラダ油少々をなじませ、**2**を2～3分焼く。焼き色がついたら返し、フタをして弱火でさらに2～3分蒸し焼きにする。

11

野菜たっぷり！

ミックスポケットサンドイッチ

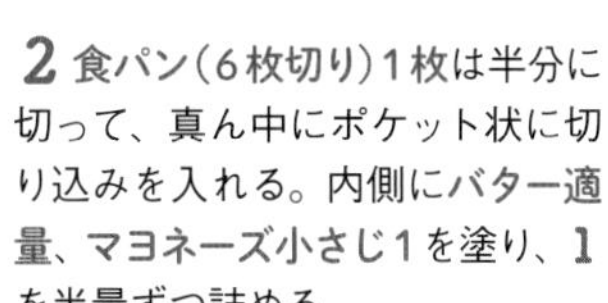

材料と作り方(1食分)

1 きゅうり⅕本(20g)は斜め薄切りにする。レタス½枚(20g)は一口大にちぎる。トマト(5㎜厚さ)1枚(15g)は4等分に切る。

2 食パン(6枚切り)1枚は半分に切って、真ん中にポケット状に切り込みを入れる。内側にバター適量、マヨネーズ小さじ1を塗り、**1**を半量ずつ詰める。

12

ベーコンのうまみがおいしい！

アスパラベーコンのポケットサンドイッチ

朝調理

材料と作り方(1食分)

1 食パン(6枚切り)1枚は4等分に切り、内側に切り込みを入れる。内側にバター適量を塗る。

2 アスパラガス2本(40g)は根元を落として下⅓の皮をむき、4㎝長さに切って縦半分に切る。ベーコン2枚(40g)は1枚を4等分に切る。

3 フライパンにサラダ油小さじ½を熱し、**2**を2～3分焼く(ベーコンは焼き色がついたら取り出す)。**1**の内側に等分に詰める。

覚えておきたい！

スキマおかずアイデア 10

彩りがほしい、おべんとう箱にすきまができた…、そんなときに重宝するのが、スキマおかず。ハムやソーセージ、ちくわなどは電子レンジで加熱（10秒〜）してから使います。

1 野菜

ブロッコリーやにんじん、オクラ、アスパラガス、スナップエンドウ、さつまいもは詰めやすいので、どれか1つは常備しましょう。加熱いらずのミニトマトも便利。必ずヘタを取り、4等分に切ってから詰めましょう。

2 くだもの

いちご、ぶどう、りんごなど、旬のものを入れましょう。ぶどうは必ず4等分に、いちごやりんごは食べやすく切ってから詰めて！缶詰のフルーツでもよいでしょう。

3 ちくわひよこ

ちくわを1㎝厚さの輪切りにし、コーン2粒を詰めます。黒いりごまを目に見立ててのせれば、かわいいひよこちゃんの完成です。

4 ハムとチーズのくるくる

スライスチーズ1枚を室温にもどし、ハム1枚にのせてくるくる巻くだけ。食べやすく切り、ピックで刺します。コンビニでも買える食材なので、いざというときにも便利です。

5 魚肉ソーセージ

ピンク色がかわいい魚肉ソーセージ。お好みで型抜きしましょう。常温で保存ができるのもうれしい。

6 コーン

コーンはかわいい見た目な上、彩りのプラスにも役立ちます。ピックは誤って飲み込まないように、長めで、目で見て気づける大きめのものを使いましょう。

7 ちくわオクラ

ちくわ1本にゆでたオクラ2本を両端から詰めて、食べやすい長さに切ります。お星さまのようなオクラがかわいい!

8 かまぼこ

自由自在な形に切れるかまぼこは、かわいく型抜きしても◎。紅白かまぼこは彩りもよくなるので、おすすめです。

9 はんぺん

淡泊な味わいでやわらかいので、子どもにも食べやすいはんぺん。厚みを半分に切り、好みの抜き型で抜きましょう。

10 かにかま

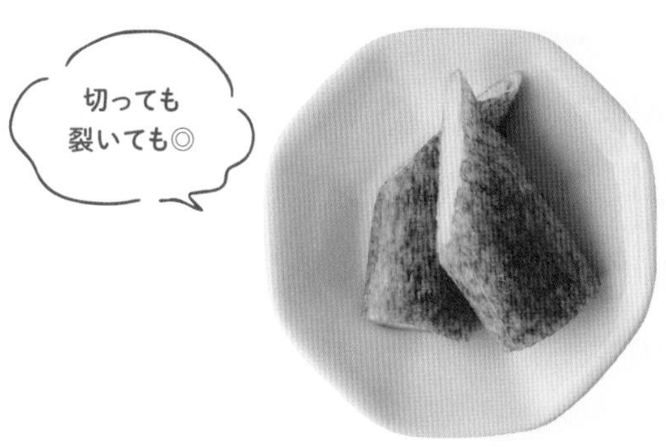

赤色が鮮やかなので、彩りアップに◎。切るだけでなく、裂いて使えるのも重宝します。チーズ入りタイプを用意しても。

簡単&かわいい
飾り切り テクニック8

かわいい飾り切りは、おべんとう箱に詰めるとアクセントになります。ハムやかまぼこ、ちくわは電子レンジで加熱(10秒～)してから使います。どれもペティナイフを使うと切りやすいです。

1 ギザギザゆで卵

お花みたいでかわいい!

Memo 包丁を中央まで刺すとうまくいきます。

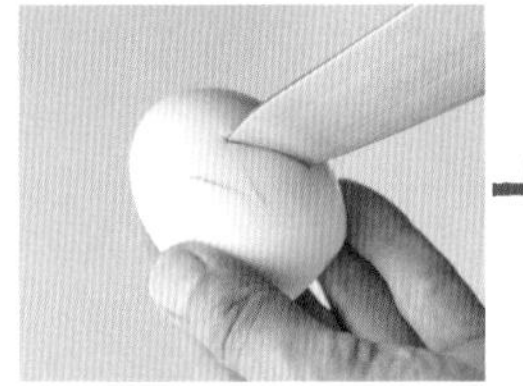

ゆで卵の真ん中あたりに、中心に向かってギザギザに切り込みを入れます。

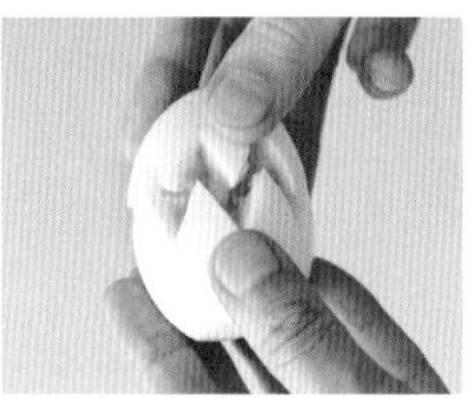

ぐるりと一周し、上下を離します。黄身とマヨネーズ小さじ1を混ぜ、白身にのせます。

2 ギザギザきゅうり

ギザギザゆで卵と同じ要領で!

きゅうりは3cmほどの長さに切り、真ん中あたりに、中心に向かってギザギザに切り込みを入れます。

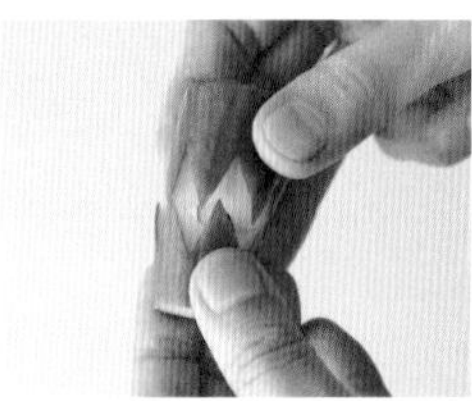

ぐるりと一周し、上下を離します。包丁を中央まで刺すことがポイントです。

3 たこさんウインナー

飾り切りの定番!

Memo 厚みを半分にすることでおべんとう箱に詰めやすくなります。焼くか、ゆでてから入れましょう。

ソーセージは長さと厚みを半分に切り、4等分に切り込みを入れ、足にしてから加熱します。

4 ハートの卵焼き

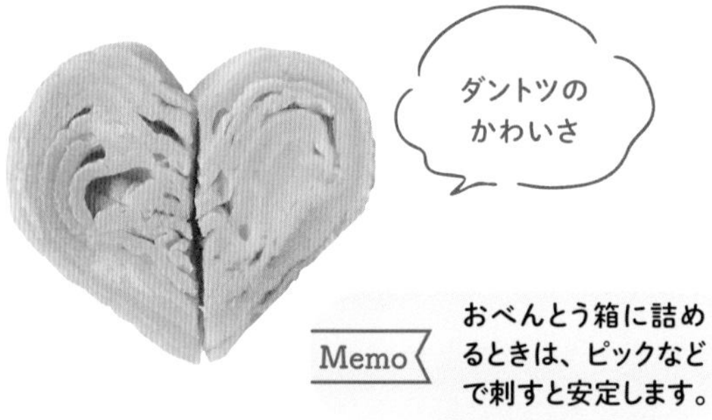

ダントツのかわいさ

Memo おべんとう箱に詰めるときは、ピックなどで刺すと安定します。

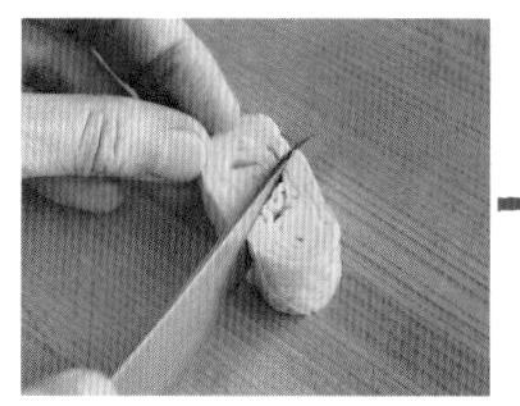

卵焼き1切れを斜め半分に切ります。

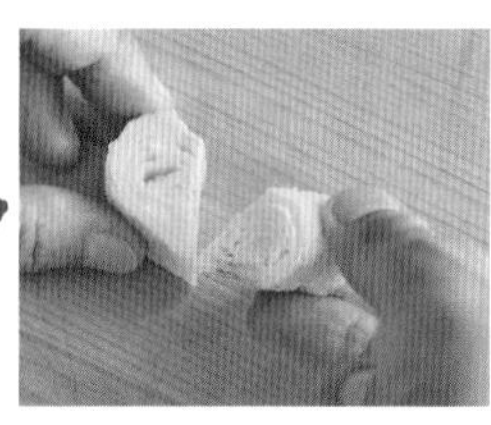

一方をくるっと回して、ハートになるようにくっつけます。

5 キャンディかまぼこ

うず巻き状の
キャンディみたい

Memo　ピックはうっかり飲み込まないように、目で見て気づける大きめのものを使いましょう。

紅白かまぼこは1㎝厚さに切り、中心部分を切り離します。

→

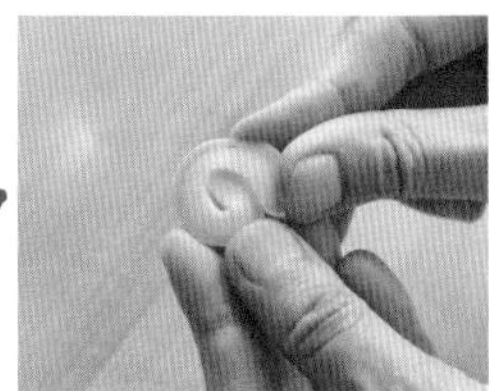

ピンク色の部分をくるくると巻き、ピックでとめます。

6 かまぼこのお花

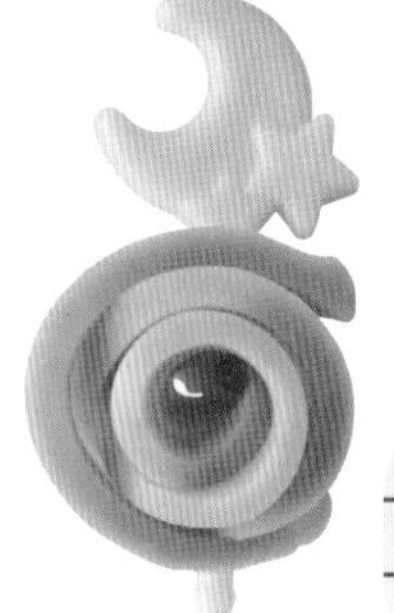

バラの
花びらのように
重ねて

Memo　ピックはうっかり飲み込まないように、目で見て気づける大きめのものを使いましょう。

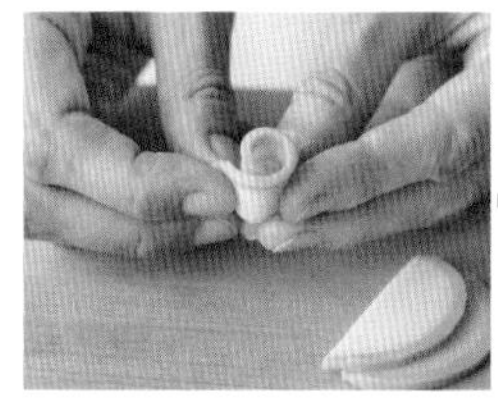

かまぼこは1〜2㎜厚さの薄切りを3枚用意し、1枚を芯になるようにくるくる巻きます。

→

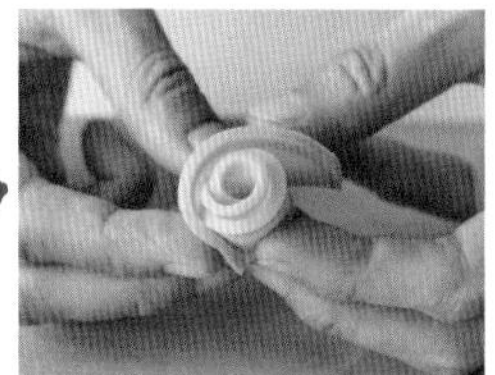

残りを巻きつけて、ピックでとめましょう。

7 ハムのお花

ひらひらとした
花びらのよう

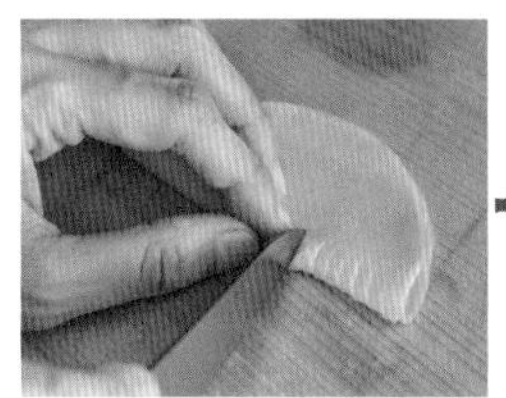

ハム1枚は半分に折り、わの部分に斜めに細かく切り込みを5〜6㎜の深さで入れます。

→

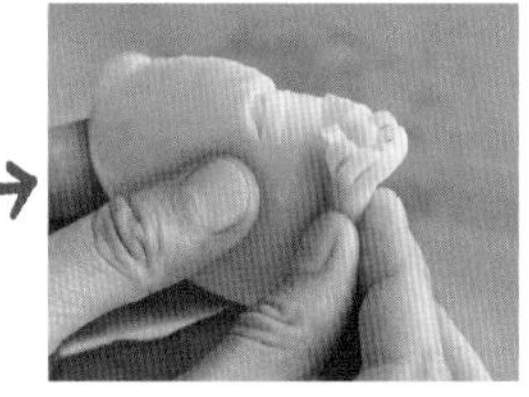

くるくると巻くと、お花が咲いたような印象です。根元をピックでとめても。

8 ちくわのお花

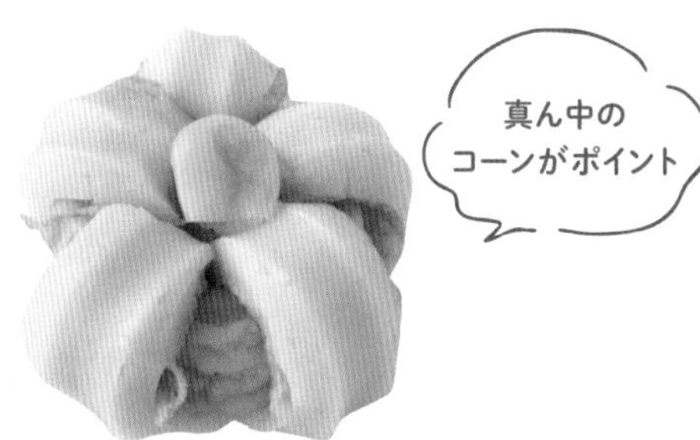

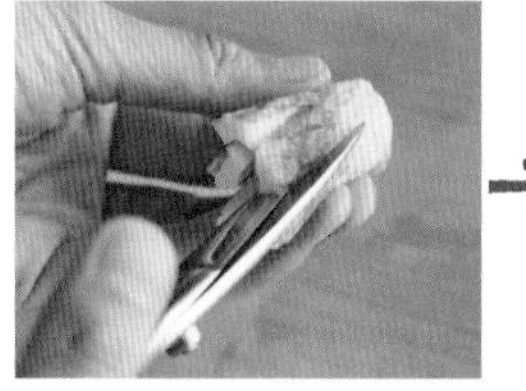

ちくわは長さを半分に切り、下1㎝を残してキッチンばさみで5等分に切り込みを入れます。

→

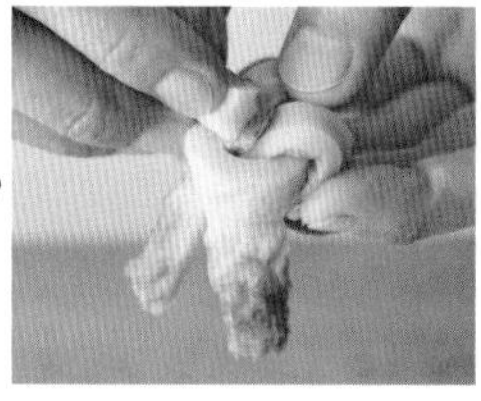

切った部分をくるっと穴に詰め込み、真ん中にコーン1粒をのせます。

COLUMN

野菜を上手に冷凍するコツ

使い勝手抜群のゆで野菜は冷蔵でも保存可能ですが、冷凍保存しておけばいつでも使えて便利。園児おべんとうにおすすめの野菜8種を紹介します。

ゆで方＆保存のポイント

ポイント① ゆで時間は短めにする

冷凍すると食物繊維が壊れてやわらかくなるので、ゆで時間は短めに。

野菜は色や香りが移りづらいものはまとめてゆでてもOK！

ポイント② ざるにあげて水気をきる

水気をしっかりきると、冷凍保存してもおいしい。

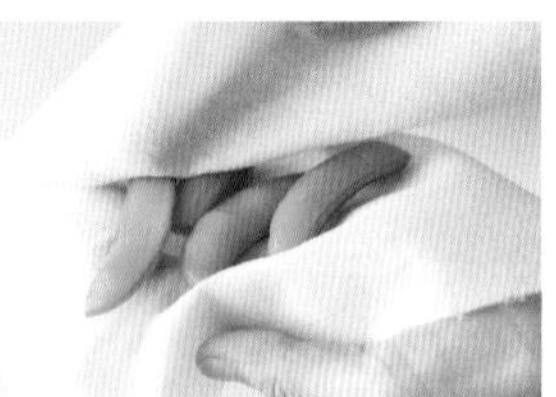

ポイント③ 水気をしっかりふき取る

ざるにあげるだけでは水気が残ります。キッチンペーパーでしっかりふき取って。

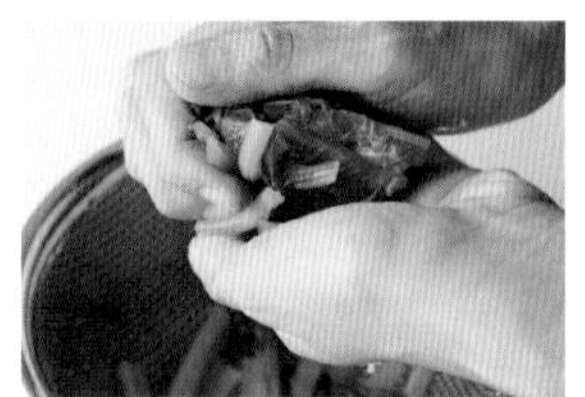

ポイント④ 水気をしっかり絞る

葉物野菜の水気はしっかり絞りましょう。

保存方法と保存期間

野菜の分量は子ども3食分。下記の方法でゆでて水気をきって冷ましたら、保存用カップに1食分ずつ分けて入れ、保存容器に入れてフタをし、冷凍室へ。

冷凍 2週間

解凍方法

電子レンジで加熱。加熱時間の目安は、1食分あたり20～30秒。

野菜別のゆで方

● 根菜以外は塩ゆでする

塩ゆでると色鮮やかに仕上がります。塩ゆでの塩分は水500mℓに対して小さじ1程度が目安です。

ゆで方　鍋に水2と½カップを入れて沸かし、塩小さじ1を加える。野菜60g（葉物野菜は100g）を1分ゆでてざるにあげる。湯をきり、粗熱をとる。※葉物野菜をゆでるときは水1ℓに対し、塩小さじ1。

● 根菜は水からゆでる

にんじんなどの根菜、いも類は水からゆで、水は野菜にかぶるくらい入れます。塩は不要です。

ゆで方　鍋に野菜60gとかぶるくらいの水を入れ、火にかける。沸騰したら弱火にし、火が通るまでゆでる。※ゆで時間はにんじん7～8分、さつまいも5～6分が目安。

ブロッコリー
¼個（60g）→
小さめの小房に分ける。

スナップエンドウ
6本（48g）→ゆでてから
食べやすい大きさに切っても。

いんげん
7本（56g）→
3cm長さに切る。

にんじん
小½本（60g）→
1cm厚さの輪切りにする。

アスパラガス
3本（60g）→根元を落として下⅓の皮をむき、3cm長さに切る。

オクラ
6本（48g）→ゆでてから、がく部分から切り落として、半分に切る。

小松菜
⅓束（100g）
→3cm長さに切る。

さつまいも
⅓本（60g）→1cm厚さの半月切りにし、5分ほど水にさらして水気をきる。

Part 2

つくりおきおかずカタログ

主菜は肉や魚介、卵、大豆製品などのたんぱく質源別のレシピと
一緒につくりおきすると栄養、彩りのよい副菜を「おすすめの副菜」として紹介。
赤色、緑色、黄色、茶色、白色の色別副菜と
肉や魚などの食材に下味をつけて冷凍する下味冷凍も！

主菜

肉や魚介、卵、厚揚げなどのたんぱく質源のおかず。そのまま食べるのはもちろん、切ってごはんに混ぜたり、野菜と和えたりしてアレンジするのもおすすめです。

電子レンジの加熱時間の目安
・冷蔵の場合は40～50秒
・冷凍の場合は50～60秒

鶏肉

冷凍 2週間　冷蔵 3日

タンドリーチキン

材料(子ども3食分)

鶏もも肉……½枚(150g)
A
- プレーンヨーグルト(無糖)……大さじ2
- トマトケチャップ……大さじ1
- しょうゆ……小さじ1
- カレー粉……小さじ½

サラダ油……小さじ½

Memo 鶏肉をAにつけた状態(作り方2)で冷凍保存してもOK!

作り方

1 鶏肉は3～4cm大に切る。

2 ボウルにAを混ぜ合わせ、1を入れてもみ込み、30分以上つけ込む。

3 フライパンにサラダ油を熱し、鶏肉を入れる。2分ほど焼いて焼き色がついたら返し、弱火にしてフタをし、2～3分蒸し焼きにする。

おすすめの副菜

いんげんとベーコンのスープ煮(P88)

大根とツナのサラダ(P98)

冷凍 2週間　冷蔵 3日

鶏肉のごま甘酢

材料(子ども3食分)

鶏もも肉……½枚(150g)
塩……少々
小麦粉……適量
サラダ油……適量
A
- しょうゆ……大さじ½
- 酢、砂糖、白いりごま……各小さじ1

Memo 鶏肉に小麦粉をまぶすとやわらか。たれもよくからみます。

作り方

1 鶏肉は3～4cm大に切り、塩をふって小麦粉をまぶす。

2 フライパンにサラダ油を深さ1cmほど入れて中温に熱し、1を入れる。時々返しながら、3～4分揚げ焼きにし、油をきる。

3 ボウルにAを合わせ、2を加えてさっと和える。

おすすめの副菜

にんじんのたらこ炒め(P85)

ブロッコリーのチーズ和え(P90)

ささみののり巻きソテー

のりの香りと
風味が
食欲をそそります

材料(子ども3食分)

- 鶏ささみ……3本(150g)
- 焼きのり……½枚
- しょうゆ……小さじ1
- サラダ油……小さじ½

作り方

1 ささみは筋を取って6～7cm長さに切り、4等分のそぎ切りにして、しょうゆをからめる。のりは12等分に切る。

2 鶏肉1切れにのりを1枚巻く。残りも同様にする。

3 フライパンにサラダ油を熱し、2を転がしながら、2～3分かけて焼く。

冷凍 2週間　冷蔵 3日

おすすめの副菜

きゅうりの中華漬け(P89)

大学いも風(P94)

蒸し鶏とキャベツのゆかり和え

材料(子ども3食分)

- 鶏ささみ……2本(100g)
- キャベツ……1枚(80g)
- 酒……小さじ1
- A
  - 赤じそふりかけ、ごま油……各小さじ½
  - 塩……少々

作り方

1 ささみは筋を取って、酒をからめる。キャベツは3cm大に切る。

2 耐熱皿に1を並べてラップをふんわりかけ、電子レンジで1分加熱する。ささみを返し、さらに1分ほど加熱する。粗熱をとり、ささみをほぐす。

3 2の水気をきってボウルに入れ、Aを加えてさっと和える。

冷凍 2週間　冷蔵 3日

おすすめの副菜

かぼちゃの焼き浸し(P92)

チキンカツ

材料(子ども3食分)

- 鶏むね肉……½枚(150g)
- 塩……少々
- 小麦粉……適量
- 溶き卵……½個分
- パン粉、サラダ油……各適量

作り方

1 鶏肉は一口大のそぎ切りにして、塩をふる。小麦粉、溶き卵、パン粉の順に衣をつける。

2 フライパンにサラダ油を深さ1cmほど入れて中温に熱し、1を入れる。2分ほど揚げ焼きにして、色が変わったら返し、さらに1～2分揚げ焼きにし、油をきる。

Memo パサつきがちなむね肉は揚げ焼きにするとジューシーに仕上がります。

冷凍 2週間　冷蔵 3日

おすすめの副菜

小松菜の青のりマリネ(P91)

パプリカのごまマヨ和え(P93)

豚肉

ポークチャップ

材料（子ども3食分）

豚ロース薄切り肉……6枚（120g）
玉ねぎ……¼個（50g）
A ┌**トマトケチャップ**……大さじ1
　│**中濃ソース**……大さじ½
　└**砂糖**……小さじ½
サラダ油……小さじ½

作り方

1 豚肉は3〜4㎝大に切る。玉ねぎは2〜3㎜厚さの薄切りにして、長さを半分に切る。**A**は混ぜ合わせる。

2 フライパンにサラダ油を熱し、豚肉を炒める。色が変わったら玉ねぎを加えてさっと炒め、**A**を加えてからめる。

おすすめの副菜

キャベツとハムのマヨサラダ（P89）

さつまいもチーズ（P94）

オクラの肉巻き

材料（子ども3食分）

豚ロース薄切り肉……6枚（120g）
オクラ……6本（48g）
塩……少々
A［**酒、しょうゆ**……各小さじ1
サラダ油……小さじ½

Memo 食べやすいように切っておべんとう箱に詰めましょう。

おすすめの副菜

にんじんのみそ炒め（P84）

作り方

1 豚肉は塩をふる。オクラはがく部分から切り落とす。**A**は混ぜ合わせる。

2 豚肉1枚にオクラ1本をのせ、くるくる巻く。6本作る。

3 フライパンにサラダ油を熱し、**2**を巻き終わりを下にして並べる。2分ほど焼き、焼き色がついたら返し、弱火にしてフタをしてさらに1〜2分蒸し焼きにする。火が通ったら**A**を加えてさっとからめる。

豚丼

材料（子ども3食分）

豚こま切れ肉……120g
玉ねぎ……¼個（50g）
サラダ油……小さじ½
A ┌**水**……½カップ
　└**砂糖、しょうゆ**……各小さじ2

作り方

1 豚肉は3〜4㎝幅に切る。玉ねぎは2〜3㎜厚さの薄切りにして長さを半分に切る。

2 フライパンにサラダ油を熱し、豚肉を炒める。色が変わったら玉ねぎを加えてさっと炒め、**A**を加える。煮立ったら弱火にし、フタをして7〜8分煮る。

おすすめの副菜

パプリカと桜えびのソース炒め（P86）

きゅうりの塩昆布和え（P89）

豚肉といんげんのみそ炒め

材料（子ども3食分）
豚こま切れ肉……120g
いんげん……3本（24g）
小麦粉……小さじ½
A みそ……大さじ½
A 酒……小さじ2
A 砂糖……小さじ1
サラダ油……小さじ½

作り方
1 豚肉は3〜4㎝幅に切って小麦粉をまぶす。いんげんは3㎝長さに切る。Aは混ぜ合わせる。
2 フライパンにサラダ油を熱し、豚肉を炒める。色が変わったらいんげんを加えて炒め、しんなりしたらAを加えてからめる。

おすすめの副菜

ごまかぼちゃ（P92）
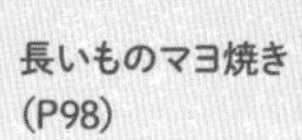
長いものマヨ焼き（P98）

豚こまボール

材料（子ども3食分）
豚こま切れ肉（または豚ロース薄切り肉）……150g
A 酒、片栗粉……各小さじ1
A 塩……少々
B トマトケチャップ……小さじ2
B しょうゆ、はちみつ……各小さじ½
サラダ油……小さじ½

作り方
1 豚肉は3㎝幅に切る。Bは混ぜ合わせる。
2 ボウルに豚肉とAを入れてもみ込み、9等分して丸める。
3 フライパンにサラダ油を熱し、2を入れる。転がしながら焼き、焼き色がついたら弱火にしてフタをし、2〜3分蒸し焼きにする。Bを加えてさっとからめる。

おすすめの副菜
いんげんのヨーグルトマリネ（P88）

ミニガレット（P99）

豚肉とにんじんの甘辛ごま炒め

材料（子ども3食分）
豚こま切れ肉……100g
にんじん……¼本（50g）
小麦粉……小さじ½
サラダ油……小さじ½
A めんつゆ（3倍濃縮タイプ）……大さじ½
A 白いりごま……小さじ½

作り方
1 豚肉は3㎝幅に切って小麦粉をまぶす。にんじんは2〜3㎜厚さの半月切りにする。
2 フライパンにサラダ油を熱し、豚肉を炒める。色が変わったらにんじんを加えて3〜4分炒め、Aを加えてさっと炒める。

おすすめの副菜
小松菜としらすのゆかり和え（P91）

かぼちゃのマリネ（P92）

牛肉

甘辛味は
ごはんにぴったり

冷凍 2週間　冷蔵 3日

牛肉のしぐれ煮

材料(子ども3食分)

- **牛切り落とし肉** …… 150g
- **サラダ油** …… 小さじ1
- A **酒** …… 大さじ1
- A **しょうゆ、砂糖** …… 各大さじ1/2

作り方

1 牛肉は3〜4㎝幅に切る。

2 フライパンにサラダ油を熱し、牛肉を炒める。色が変わったらAを加えて、汁気が少なくなるまで4〜5分炒め煮にする。

おすすめの副菜

ピーラーにんじんのサラダ(P85)

玉ねぎとツナのポテトサラダ(P99)

オイスターソースを
使うと
うまみが出ます

冷凍 2週間　冷蔵 3日

牛肉とパプリカの中華炒め

材料(子ども3食分)

- **牛切り落とし肉** …… 100g
- **パプリカ(黄)** …… 1/4個(40g)
- A **酒、片栗粉** …… 各小さじ1/2
- A **塩** …… 少々
- B **酒、オイスターソース** …… 各小さじ1
- B **砂糖、白いりごま** …… 各小さじ1/2
- **サラダ油** …… 小さじ1

作り方

1 牛肉は3〜4㎝幅に切って、Aをもみ込む。パプリカは5㎜幅に切り、長さを3等分に切る。Bは混ぜ合わせる。

2 フライパンにサラダ油を熱し、牛肉を炒める。色が変わったらパプリカを加えてさっと炒め、Bを加えてからめる。

おすすめの副菜

スナップエンドウのナムル(P90)

甘いソース味は
子どもが食べやすい
味つけです

冷凍 2週間　冷蔵 3日

牛肉とれんこんのソース炒め

材料(子ども3食分)

- **牛切り落とし肉** …… 100g
- **れんこん** …… 1/5節(40g)
- A **中濃ソース** …… 小さじ2
- A **砂糖** …… 小さじ1/4
- **サラダ油** …… 小さじ1

作り方

1 牛肉は3〜4㎝幅に切る。れんこんは2〜3㎜厚さのいちょう切りにし、水に5分ほどさらして水気をきる。Aは混ぜ合わせる。

2 フライパンにサラダ油を熱し、牛肉を炒める。色が変わったられんこんを加えてさっと炒め、Aを加えてからめる。

おすすめの副菜

にんじんの塩昆布和え(P85)

アスパラのじゃこ炒め(P88)

肉加工品

ベーコンとブロッコリーのグラタン風

コーンクリーム＋粉チーズがホワイトソース代わりに！

冷凍 2週間　冷蔵 3日

材料(子ども3食分)

- ベーコン……1枚(20g)
- ブロッコリー……⅓個(80g)
- サラダ油……小さじ½
- パン粉……小さじ1
- A
  - コーンクリーム缶……½缶(80g)
  - 粉チーズ……大さじ½
  - 塩……少々

作り方

1 ブロッコリーは小房に分ける。ベーコンは1cm幅に切る。

2 フライパンにサラダ油を熱し、パン粉をきつね色に炒める。

3 耐熱ボウルに**1**、**A**を混ぜ、ラップをふんわりかけて電子レンジで1分30秒加熱する。3等分して保存用カップに入れ、**2**をかける。

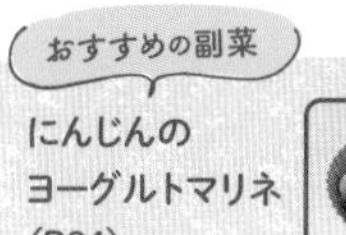

にんじんのヨーグルトマリネ(P84)

ソーセージとさつまいものコロコロ炒め

焼き色がつくまで焼いて香ばしさをアップ！

冷凍 2週間　冷蔵 3日

材料(子ども3食分)

- ソーセージ……3本(60g)
- さつまいも……½本(100g)
- サラダ油……小さじ1
- 塩……少々

作り方

1 ソーセージは1cm厚さの斜め切りにする。さつまいもは皮つきのまま1cm厚さのいちょう切りにして、水に5分ほどさらして水気をきる。耐熱皿にのせて水大さじ1をまわし入れ、ラップをふんわりかけて電子レンジで1分加熱する。

2 フライパンにサラダ油を熱し、**1**を炒める。焼き色がついたら塩を加えてさっとからめる。

おすすめの副菜

ほうれん草ののり和え(P91)

えのきのさっぱり和え(P99)

ハムカツ

お好みでケチャップやソースをつけても

冷凍 2週間　冷蔵 3日

材料(子ども3食分)

- ハム……6枚(60g)
- A
  - 小麦粉……大さじ1
  - 水……大さじ1
- パン粉……適量
- サラダ油……適量

作り方

1 ハムは重ねて十字に切り、4枚ずつ重ねて6個作る。**A**を混ぜ合わせてハムをからめ、パン粉をまぶす。

2 フライパンにサラダ油を深さ1cmほど入れて中温に熱し、**1**を入れる。時々返しながら2分ほど揚げ焼きにし、油をきる。

Memo　ハムカツはおべんとう箱に詰めるときに切りましょう。

おすすめの副菜

小松菜のカレー炒め(P91)

パプリカのごまマヨ和え(P93)

ひき肉

電子レンジで作れる簡単おかず！

コーンボール

材料（子ども3食分）
- 豚ひき肉……150g
- コーン……1缶（65g）
- A 酒、片栗粉……各大さじ½
- A 塩……小さじ¼
- 片栗粉……適量

作り方
1 ボウルにひき肉とAを入れてよく練り混ぜる。9等分して丸め、片栗粉をまぶす。コーンの汁気をきってつける。
2 耐熱皿に並べてラップをふんわりかけ、電子レンジで2～3分加熱する。

おすすめの副菜

アスパラのだし浸し（P88）

ごぼうのおかか煮（P96）

フライパンで作れるのがうれしい

蒸し焼きシューマイ

材料（子ども3食分）
- 豚ひき肉……150g
- 玉ねぎ……⅙個（30g）
- シューマイの皮……9枚
- A 酒、片栗粉……各大さじ½
- A 塩……小さじ¼
- サラダ油……小さじ¼

作り方
1 玉ねぎはみじん切りにする。
2 ボウルにひき肉、玉ねぎ、Aを入れてよく練り混ぜる。9等分してシューマイの皮で包む。
3 フライパンにサラダ油を熱し、2を並べる。2分ほど焼いて焼き色がついたら水¼カップを加え、フタをして弱火で2～3分蒸し焼きにする。

おすすめの副菜

パプリカと桜えびのソース炒め（P86）

もやしのごま酢和え（P98）

お好みでケチャップを添えても

レンジソーセージ

材料（子ども3食分）
- 豚ひき肉……100g
- 木綿豆腐……⅙丁（50g）
- A パン粉……大さじ2
- A 塩……小さじ⅙

Memo 豆腐とパン粉を加えるから、レンチンでもふっくら！

作り方
1 ボウルにひき肉、豆腐、Aを入れてよく練り混ぜる。6等分し、それぞれをラップで包んで棒状に形をととのえる。
2 耐熱皿に1を並べて、電子レンジで2分ほど加熱する。

おすすめの副菜

いんげんのヨーグルトマリネ（P88）

れんこんのカレーピクルス（P92）

にんじんナゲット

材料(子ども3食分)

- 鶏ひき肉……150g
- にんじん……1/5本(30g)
- A
  - 溶き卵、粉チーズ……各大さじ1
  - 小麦粉……大さじ1/2
  - 塩……少々
- 小麦粉、サラダ油……各適量

作り方

1 にんじんは粗いみじん切りにする。

2 ボウルにひき肉、1、Aを入れてよく練り混ぜる。9等分して平たい円形に形をととのえて小麦粉をまぶす。

3 フライパンにサラダ油を深さ1cmほど入れて中温に熱し、2を入れる。時々返しながら2～3分揚げ焼きにし、油をきる。

隠しにんじんで
栄養満点!

冷凍 2週間　冷蔵 3日

れんこんみそつくね

材料(子ども3食分)

- 鶏ひき肉……150g
- れんこん……1/7節(30g)
- A
  - 酒、みそ、片栗粉……各大さじ1/2
- サラダ油……小さじ1

作り方

1 れんこんは粗いみじん切りにして、水に5分ほどさらして水気をきる。

2 ボウルにひき肉、1、Aを入れてよく練り混ぜる。6等分して平たい円形に成形する。

3 フライパンにサラダ油を熱し、2を焼く。2～3分焼いて焼き色がついたら返し、弱火にしてフタをし、2～3分蒸し焼きにする。

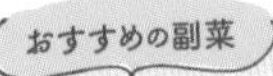

パプリカのマリネ(P86)

オクラのおかか和え(P90)

れんこんは
粗いみじん切りにして
シャキシャキ食感に

冷凍 2週間　冷蔵 3日

ミートソース

材料(子ども3食分)

- 合いびき肉……100g
- 玉ねぎ……1/6個(30g)
- にんじん……1/5本(30g)
- オリーブ油……小さじ1
- A
  - カットトマト缶……1/2缶(200g)
  - トマトケチャップ……大さじ1/2
  - 塩、砂糖……各小さじ1/4

作り方

1 玉ねぎとにんじんはみじん切りにする。

2 フライパンにオリーブ油を熱し、1を炒める。

3 しんなりしたら、ひき肉を加えて色が変わるまで炒め、Aを加える。煮立ったら弱火にし、フタをして10分ほど煮込む。

おすすめの副菜

小松菜の青のりマリネ(P91)

コーンマカロニサラダ(P95)

鮭バーグ

材料（子ども3食分）

生鮭……小2切れ（160g）
玉ねぎ……1/6個（30g）
スライスチーズ……1枚（16g）
A［溶き卵、パン粉……各大さじ1
　 塩……少々
サラダ油……小さじ1

作り方

1 鮭は皮と骨を取り除き、細かくたたく。玉ねぎはみじん切りにする。ともにボウルに入れ、Aを加えてよく練る。3等分して小判形にととのえる。

2 フライパンにサラダ油を熱し、1を2～3分焼いたら返し、弱火にしてフタをし、さらに2～3分蒸し焼きにする。1個ずつ保存用カップに入れる。

3 チーズは3等分に切ってから半分に折り、2が熱いうちにのせる。

おすすめの副菜

いんげんのヨーグルトマリネ（P88）

スイートポテト（P94）

鮭とパプリカの焼き浸し

材料（子ども3食分）

生鮭……小2切れ（160g）
パプリカ（黄）……1/3個（50g）
塩……少々
A［水……1/2カップ
　 しょうゆ……大さじ1
　 砂糖……小さじ1/2
　 和風だしの素……小さじ1/4
サラダ油……小さじ1

おすすめの副菜

きゅうりの塩昆布和え（P89）

作り方

1 鮭は1切れを6等分に切って塩をふる。パプリカは2cm大に切る。

2 Aは耐熱容器に入れてラップをふんわりかけ、電子レンジで1分加熱してバットに入れる。

3 フライパンにサラダ油を熱し、1を焼く。焼き色がついたら返し、弱火にしてさらに2～3分焼く。2に加えて20分つけ込む。

鮭の甘みそ焼き

材料（子ども3食分）

生鮭……小2切れ（160g）
A［みそ……小さじ1
　 砂糖、白すりごま……各小さじ1/2
　 水……小さじ1/4

作り方

1 鮭は1切れを3等分に切る。Aは混ぜ合わせる。

2 鮭にAを塗ってアルミ箔にのせ、オーブントースターで7分焼く。

おすすめの副菜

コーンのおやき（P95）

れんこんの塩きんぴら（P98）

たら

たらの青のりチーズ焼き

青のりと粉チーズがよく合う！

冷凍 2週間　冷蔵 3日

材料（子ども3食分）

- たら……小2切れ（160g）
- 塩……少々
- 小麦粉……適量
- バター……10g
- A 粉チーズ……小さじ1
- A 青のり……小さじ¼

作り方

1 たらは1切れを3等分に切って塩をふり、小麦粉をまぶす。

2 フライパンにバターを熱し、1を並べる。2〜3分焼いて焼き色がついたら返し、さらに2〜3分焼き、Aを加えてさっとからめる。

おすすめの副菜

もやしのベーコン巻き（P87）

カレーポテト（P95）

たらの甘辛レンジ煮

しょうがが さわやかな 味わいに！

冷凍 2週間　冷蔵 3日

材料（子ども3食分）

- たら……小2切れ（160g）
- オクラ……3本（24g）
- A しょうがの薄切り……2枚
- A しょうゆ、酒……各大さじ1
- A 砂糖……小さじ2

Memo 落としラップをすると味がしっかり染み込みます。

作り方

1 たらは1切れを3等分に切る。オクラはがく部分から切り落とし、1.5cm厚さの小口切りにする。

2 耐熱ボウルにAを混ぜ、1を加える。ラップを食材にぴったりとかけ、電子レンジで3分加熱する。しょうがは取り除いて保存する。

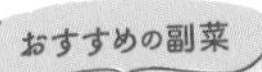

おすすめの副菜

パプリカの梅和え（P86）

大根とツナのサラダ（P98）

たらのコーンマヨ和え

たらに マヨコーンでコク＆ 甘みをプラス

冷凍 2週間　冷蔵 3日

材料（子ども3食分）

- たら……小2切れ（160g）
- コーン……大さじ2（8g）
- 塩……少々
- サラダ油……小さじ1
- A マヨネーズ……大さじ1
- A 塩……少々

Memo 油の少ないたらはマヨネーズをからめてしっとりと。

作り方

1 たらは1切れを3等分に切って塩をふる。コーンは汁気をきる。

2 フライパンにサラダ油を熱し、たらを並べる。2分ほど焼いて焼き色がついたら返し、さらに2分ほど焼く。

3 ボウルに入れて、コーンとAを加えてさっと和える。

おすすめの副菜

キャベツのみそ和え（P89）

ごぼうのオイスターソース炒め（P96）

めかじき

めかじきの照り焼き

材料(子ども3食分)

- めかじき……小2切れ(160g)
- 小麦粉……適量
- A 酒……大さじ1
- A 砂糖、しょうゆ……各小さじ1
- サラダ油……小さじ1

Memo めかじきに小麦粉をまぶすと、たれがよくからみます。

作り方

1 めかじきは1切れを6等分に切って、小麦粉をまぶす。Aは混ぜ合わせる。

2 フライパンにサラダ油を熱し、めかじきを並べる。2分ほど焼いて焼き色がついたら返し、さらに2分ほど焼く。火が通ったらAを加えてさっとからめる。

おすすめの副菜

小松菜としらすのゆかり和え(P91)

ごまかぼちゃ(P92)

めかじきのピザ風

材料(子ども3食分)

- めかじき……小2切れ(160g)
- ピーマン……¼個(8g)
- ピザ用チーズ……30g
- オリーブ油……小さじ1
- トマトケチャップ……小さじ2

作り方

1 めかじきは1切れを3等分に切る。ピーマンは1cm大に切る。

2 フライパンにオリーブ油を熱し、めかじきを並べる。2分ほど焼いて焼き色がついたら返し、ケチャップを塗る。

3 ピーマンとチーズをのせて弱火にし、フタをしてさらに2～3分蒸し焼きにする。

おすすめの副菜

パプリカの卵炒め(P93)

もやしのごま酢和え(P98)

めかじきとアスパラの中華炒め

材料(子ども3食分)

- めかじき……大1切れ(100g)
- アスパラガス……2本(40g)
- 小麦粉……小さじ½
- A 酒、オイスターソース……各大さじ½
- A 砂糖……小さじ½
- サラダ油……小さじ1

おすすめの副菜

しめじの塩昆布炒め(P97)

作り方

1 めかじきは3cm長さに切り、1cm角の棒状に切って小麦粉をまぶす。アスパラは根元を落として下⅓の皮をむき、1cm厚さの斜め切りにする。

2 Aは混ぜ合わせる。

3 フライパンにサラダ油を熱し、1を4～5分炒め、Aを加えてさっとからめる。

ぶり

ぶりのカレーから揚げ

材料(子ども3食分)

ぶり……小2切れ(160g)
A 酒、しょうゆ……各小さじ2
　カレー粉……小さじ¼
B 溶き卵……大さじ1
　片栗粉、小麦粉……各小さじ2
サラダ油……適量

作り方

1 ぶりは1切れを6等分に切って、Aをからめて10分ほどおく。

2 1の汁気をふき取り、Bを加えてからめる。

3 フライパンにサラダ油を深さ1cmほど入れて中温に熱し、2を入れる。時々返しながら3分ほど揚げ焼きにし、油をきる。

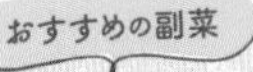

かぶとハムのトマト煮(P85)

アスパラのだし浸し(P88)

酒+しょうゆ+カレー粉でぶりの臭みがやわらぎます

冷凍 2週間　冷蔵 3日

ぶりとスナップエンドウのだし浸し

材料(子ども3食分)

ぶり……大1切れ(100g)
スナップエンドウ……3本(25g)
塩……少々
小麦粉……適量
A 水……¼カップ
　しょうゆ……小さじ2
　砂糖、酢……各小さじ1
　和風だしの素……小さじ⅛
サラダ油……小さじ1

作り方

1 ぶりは6等分に切って塩をふり、小麦粉をまぶす。スナップエンドウは筋を取って斜め3等分に切る。

2 バットにAを混ぜ合わせる。

3 フライパンにサラダ油を熱し、1を2分ほど焼く。焼き色がついたら返し、さらに2～3分焼く。2に加えて20分つけ込む。

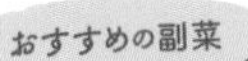

パプリカのマリネ(P86)

大根とツナのサラダ(P98)

おべんとう箱に詰めるときは汁気をよくきって!

冷凍 2週間　冷蔵 3日

ぶりとれんこんのトマト煮

材料(子ども3食分)

ぶり……大1切れ(100g)
れんこん……¼節(50g)
塩……少々
小麦粉……適量
オリーブ油……小さじ1
A カットトマト缶……⅛缶(50g)
　水……大さじ2
　塩、砂糖……各少々

作り方

1 ぶりは6等分に切って塩をふり、小麦粉をまぶす。

2 れんこんは5mm厚さのいちょう切りにする。水に5分ほどさらして水気をきる。

3 フライパンにオリーブ油を熱し、1を2分焼いたら返し、Aとれんこんを加える。煮立ったら弱火にしてフタをし、時々混ぜながら7～8分煮る。

おすすめの副菜

小松菜の青のりマリネ(P91)

子どもが大好きなトマト味でぶりも食べやすく!

まぐろ

まぐろの角煮

材料(子ども3食分)

まぐろ(刺身用さく)……80g
オクラ……3本(24g)
A 水……½カップ
A 砂糖、しょうゆ、酒……各大さじ1

作り方

1 まぐろは1.5㎝角に切る。

2 オクラはがく部分から切り落とし、1㎝厚さの小口切りにする。

3 鍋にAを入れて火にかける。煮立ったらまぐろを加えて弱火にし、落としぶたをして7～8分煮て、オクラを加えてさっと煮る。

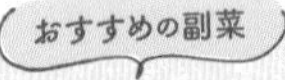
おすすめの副菜

パプリカの梅和え(P86)

大学いも風(P94)

まぐろとチンゲン菜のごま和え

材料(子ども3食分)

まぐろ(刺身用さく)……100g
チンゲン菜……1株(100g)
酒……小さじ2
A ごま油、白すりごま……各小さじ1
A 塩……少々

作り方

1 まぐろは1㎝厚さのそぎ切りにする。チンゲン菜は3㎝長さに切って軸を縦2～3等分に切り、葉を2㎝幅に切る。

2 チンゲン菜は1分ゆでてざるにあげる。同じ熱湯に酒を加えて弱火にし、まぐろを入れて2分ほどゆでて、粗熱がとれたら食べやすくほぐす。

3 ボウルに水気をきった2、Aを入れてさっと和える。

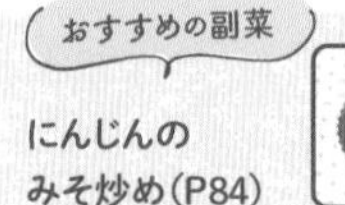
おすすめの副菜

にんじんのみそ炒め(P84)

まぐろのゆかり焼き

材料(子ども3食分)

まぐろ(刺身用さく)……150g
A みりん……小さじ2
A 酒……小さじ1
A しょうゆ、赤じそふりかけ……各小さじ½
サラダ油……小さじ1

作り方

1 まぐろは1㎝厚さのそぎ切りにして、2～3等分に切る。Aは混ぜ合わせる。

2 フライパンにサラダ油を熱し、まぐろを並べる。片面を2分ずつ焼き、Aを加えてさっとからめる。

おすすめの副菜

パプリカとかにかまのしょうゆ煮(P86)

ブロッコリーのオイスターきんぴら(P90)

えび

レンジえびマヨ

レンチンして
調味料を
からめるだけ！

冷凍2週間 冷蔵3日

材料(子ども3食分)

むきえび……15尾(150g)
A［**トマトケチャップ、マヨネーズ**……各小さじ1

作り方

1 えびは片栗粉(分量外)をまぶして流水でもみ洗いし、水気をふき取る。

2 耐熱ボウルにえびを入れてラップをふんわりかけ、電子レンジで1分30秒加熱する。水気をふき取り、**A**を加えてさっとからめる。

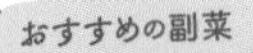
おすすめの副菜

スナップエンドウのナムル(P90)

スイートポテト(P94)

えびカツ

材料(子ども3食分)

むきえび……5尾(50g)
はんぺん……½枚(55g)
A［**酒、片栗粉**……各小さじ1
B［**小麦粉、水**……各大さじ1
パン粉、サラダ油……各適量

作り方

1 えびは片栗粉(分量外)をまぶして流水でもみ洗いをする。水気をふいて半量はぶつ切り、残りは細かくたたく。

2 ボウルにはんぺんを入れてつぶし、**1**と**A**を加えてよく練り混ぜる。6等分して平たい円形にととのえる。**B**を混ぜ合わせてからめ、パン粉をまぶす。

3 フライパンにサラダ油を深さ1cmほど入れて中温に熱し、**2**を入れる。時々返しながら3分ほど揚げ焼きにし、油をきる。

おすすめの副菜

ブロッコリーのチーズ和え(P90)

かぼちゃのマリネ(P92)

えび春巻き

トースターで
焼くからお手軽！

冷凍2週間 冷蔵3日

材料(子ども3食分)

むきえび……6尾(60g)
春巻きの皮……2枚
塩……少々
A［**小麦粉、水**……各小さじ1
サラダ油……小さじ1

作り方

1 えびは片栗粉(分量外)をまぶして流水でもみ洗いをし、水気をふき取る。筋を切って伸ばし、塩をふる。春巻きの皮は1枚を縦3等分に切る。**A**は混ぜ合わせる。

2 春巻きの皮1枚にえび1尾をのせてくるくると巻き、端に**A**を塗ってとめる。6本作る。

3 天板にアルミ箔を敷いて**2**をのせ、サラダ油を塗る。オーブントースターで5～6分焼く。

おすすめの副菜

きゅうりの中華漬け(P89)

切り干し大根とひじきの煮物(P96)

ツナ

ツナ豆腐バーグ

材料(子ども3食分)

ツナ(水煮)……1缶(70g)
木綿豆腐……½丁(150g)
コーン……大さじ1(12g)
A［溶き卵……大さじ1
　 片栗粉……小さじ2
　 塩……少々
サラダ油……小さじ1

作り方

1 ツナとコーンは汁気をきる。豆腐はキッチンペーパーに包んで耐熱皿にのせ、1分加熱する。ともにボウルに入れ、**A**を加えてよく混ぜる。6等分して小判形にととのえる。

2 フライパンにサラダ油を熱し、**1**を2分ほど焼いて返し、弱火にして1〜2分焼く。

おすすめの副菜

オクラのおかか和え(P90)

じゃがいものソース炒め(P96)

ツナとキャベツの春巻き

材料(子ども3食分)

ツナ(水煮)……½缶(35g)
キャベツ……大½枚(50g)
春巻きの皮……3枚
A［マヨネーズ……小さじ1
　 塩……少々
B［小麦粉、水……各小さじ1
サラダ油……適量

作り方

1 ツナは汁気をきる。キャベツは3〜4cm長さ、2〜3mm幅の細切りにする。耐熱皿に入れてラップをふんわりかけ、電子レンジで1分加熱し、粗熱をとって水気を絞る。春巻きの皮は斜め半分に切る。

2 ツナ、キャベツ、**A**を和える。

3 春巻きの皮の長い辺を手前にしておき、**2**を6等分してのせて巻く。巻き終わりに混ぜ合わせた**B**を塗ってとめる。6本作る。

4 フライパンにサラダ油を深さ1cmほど入れて中温に熱し、**3**を入れる。時々返しながら2〜3分揚げ、油をきる。

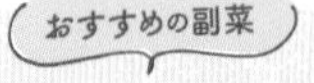

アスパラのじゃこ炒め(P88)

えのきの黒ごま和え(P97)

ツナと小松菜のみそ炒め

材料(子ども3食分)

ツナ(水煮)……1缶(70g)
小松菜……⅓束(100g)
A［酒、みそ……各小さじ1
　 砂糖……小さじ½
サラダ油……小さじ1

作り方

1 ツナは汁気をきる。小松菜は3cm長さに切る。**A**は混ぜ合わせる。

2 フライパンにサラダ油を熱し、小松菜を2分炒める。しんなりしたらツナ、**A**を加えて炒める。

おすすめの副菜

パプリカの梅和え(P86)

ツナとアスパラのチーズ炒め

材料(子ども3食分)

ツナ(水煮)……………… ½缶(35g)
アスパラガス……………3本(60g)
オリーブ油………………小さじ½
A 粉チーズ………………小さじ½
A 塩……………………………少々

作り方

1 ツナは汁気をきる。アスパラは根元を落とし、下⅓の皮をむき、短めの斜め切りにする。

2 フライパンにオリーブ油を熱し、アスパラを1～2分炒める。しんなりしたらツナを加えてさっと炒め、**A**を加えて炒め合わせる。

おすすめの副菜

パプリカのマリネ(P86)

キャベツとハムのマヨサラダ(P89)

粉チーズでコクが出ます

冷凍2週間 冷蔵3日

ツナとにんじんのチヂミ

材料(子ども3食分)

ツナ(水煮)……………… ½缶(35g)
にんじん………………… ⅙本(30g)
A 小麦粉………………大さじ2
A 水……………………大さじ2
A 塩……………………………少々
ごま油……………………小さじ1

作り方

1 ツナは汁気をきる。にんじんは3cm長さの細切りにする。

2 ボウルに**A**を混ぜ合わせ、**1**を加えてさっと混ぜる。

3 フライパンにごま油を熱し、**2**を6等分して入れて2～3分焼く。焼き目がついたら返し、さらに1～2分焼く。

おすすめの副菜

小松菜としらすのゆかり和え(P91)

パプリカの卵炒め(P93)

チヂミにするとツナが食べやすい

冷凍2週間 冷蔵3日

ツナとかぶの炒め煮

材料(子ども3食分)

ツナ(水煮)……………… ½缶(35g)
かぶ…………………………1個(80g)
かぶの葉………………½個分(20g)
サラダ油…………………小さじ½
A 水…………………………½カップ
A しょうゆ………………小さじ1

作り方

1 かぶは6等分のくし形に切ってから、さらに3等分に切る。葉は2cm長さに切る。

2 鍋にサラダ油を熱し、かぶを炒める。油が回ったらツナを汁ごと加え、**A**を加えて煮立ったら、弱火で7～8分煮る。火が通ったら、かぶの葉を加えてさっと煮る。

おすすめの副菜

にんじんの塩昆布和え(P85)

さつまいものオレンジ煮(P94)

かぶは葉も使うと彩りも栄養も◎

冷凍2週間 冷蔵3日

練り物

チーズちくわの磯辺揚げ

材料（子ども3食分）

ちくわ……3本（90g）
プロセスチーズ……30g
A［水……40mℓ
　天ぷら粉……25g
　青のり……小さじ½］
サラダ油……適量

作り方

1 チーズは1㎝角の棒状に切り、ちくわに詰めて3等分に切る。Aは混ぜ合わせる。

2 フライパンにサラダ油を深さ1㎝ほど入れて中温に熱し、ちくわにAをからめて入れる。時々返しながら2〜3分揚げ焼きにし、油をきる。

おすすめの副菜

パプリカとかにかまのしょうゆ煮（P86）

かぼちゃの焼き浸し（P92）

ちくわオクラの照り焼き

材料（子ども3食分）

ちくわ……3本（90g）
オクラ……6本（48g）
サラダ油……小さじ1
A［酒、しょうゆ、砂糖……各小さじ1
　白いりごま……小さじ½］

作り方

1 オクラはヘタを取って耐熱皿にのせ、ラップをふんわりかけて電子レンジで30秒加熱する。

2 ちくわ1本にオクラ2本を両端から詰める。3本作る。

3 フライパンにサラダ油を熱し、2を転がしながら焼く。全体に焼き色がついたらAを加えてさっとからめる。

おすすめの副菜

パプリカのチーズ炒め（P87）

かぶの甘酢漬け（P99）

かまぼこ、いんげんのオイマヨ炒め

材料（子ども3食分）

かまぼこ……60g
いんげん……5本（40g）
A［マヨネーズ……小さじ2
　オイスターソース……小さじ½］
サラダ油……小さじ1

作り方

1 かまぼこは5㎜厚さに切って、3等分の扇形に切る。いんげんは3㎝長さに切る。Aは混ぜ合わせる。

2 フライパンにサラダ油を熱し、かまぼこといんげんを3〜4分炒める。しんなりしたらAを加えてさっとからめる。

おすすめの副菜

パプリカのポン酢和え（P93）

ごぼうのおかか煮（P96）

卵

ベーコンとほうれん草のオムレツ

牛乳&粉チーズでカルシウム補給に！

冷凍 2週間　冷蔵 3日

材料(子ども3食分)

- 卵……2個
- ベーコン……1枚(20g)
- ほうれん草……¼束(50g)
- A［牛乳、粉チーズ……各小さじ1
- A［塩……少々
- オリーブ油……小さじ1

作り方

1 ベーコンは1㎝幅に切る。ほうれん草はラップで包んで電子レンジで1分加熱し、5分ほど水にさらし、水気を絞って3㎝長さに切る。

2 ボウルに卵を溶きほぐし、Aとほうれん草を加えて混ぜる。

3 フライパンにオリーブ油を熱し、ベーコンを炒める。**2**を流し入れて半熟状になるまでよく混ぜ、直径12㎝大の円形にまとめる。1～2分焼いたら返し、弱火にしてフタをし、1～2分蒸し焼きにする。6等分に切る。

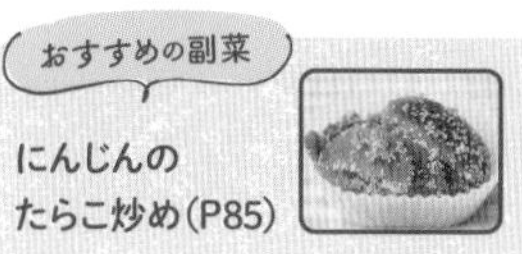

おすすめの副菜
にんじんのたらこ炒め(P85)

ハムカップキッシュ

ハムがキッシュの生地代わりに

冷凍 2週間　冷蔵 3日

材料(子ども3食分)

- 卵……1個
- ハム……3枚(30g)
- スナップエンドウ……2本(16g)
- A［牛乳……小さじ½
- A［塩……少々

作り方

1 ボウルに卵を溶きほぐし、Aを加えて混ぜる。スナップエンドウは1㎝長さの小口切りにする。

2 保存用カップにハム1枚を敷き、卵液を3等分して流し、スナップエンドウを⅓量ずつ入れる。3個作る。

3 耐熱皿にのせ、ラップをふんわりかけて電子レンジで40～50秒加熱する。

おすすめの副菜
小松菜の青のりマリネ(P91)
しめじの塩昆布炒め(P97)

卵とキャベツの中華炒め

材料(子ども3食分)

- 卵……1個
- キャベツ……大½枚(50g)
- サラダ油……小さじ1
- A［鶏がらスープの素……小さじ¼
- A［塩……少々

作り方

1 キャベツは3㎝大に切る。卵は溶きほぐす。

2 フライパンにサラダ油小さじ½を熱し、溶き卵を入れて2分ほど炒めて一度取り出す。

3 フライパンをさっとふいてサラダ油小さじ½を熱し、キャベツを炒める。しんなりしたら**2**を戻し入れて、Aを加えて炒め合わせる。

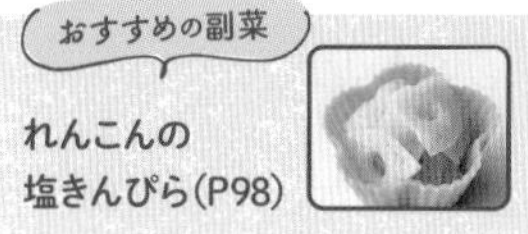

おすすめの副菜
れんこんの塩きんぴら(P98)

にんじんしりしり

材料(子ども3食分)

- 卵……1個
- ツナ(水煮)……½缶(35g)
- にんじん……¼本(50g)
- サラダ油……小さじ1
- しょうゆ……小さじ¼

Memo つかみにくい細切りにんじんは卵でまとめて食べやすく。

作り方

1 ツナは汁気をきる。にんじんは3㎝長さの細切りにする。

2 フライパンにサラダ油を熱し、にんじんを炒める。しんなりしたらツナを加えてさっと炒め、しょうゆを加えてからめる。

3 卵を溶きほぐして**2**にまわし入れ、箸で大きく混ぜながら2分炒める。

おすすめの副菜

小松菜としらすのゆかり和え(P91)

はんぺんのピカタ

材料(子ども3食分)

- 卵……1個
- はんぺん……¼枚(30g)
- 小麦粉……適量
- マヨネーズ……小さじ½
- サラダ油……小さじ1

作り方

1 はんぺんは9等分に切って小麦粉をまぶす。ボウルに卵を溶きほぐし、マヨネーズを加えて混ぜる。

2 フライパンにサラダ油を熱し、はんぺんを卵液にくぐらせて並べ、一面30秒ずつ転がしながら焼く。全面がさっと焼けたら、残っている卵液にもう一度くぐらせて一面1分ずつ焼く。

おすすめの副菜

にんじんのみそ炒め(P84)

もやしのごま酢和え(P98)

枝豆の卵茶巾

材料(子ども3食分)

- 卵……2個
- 冷凍枝豆(さやつき)……40g(正味20g)
- A 牛乳……小さじ1
- A 塩……少々

作り方

1 枝豆は解凍してさやから取り出し、粗く刻む。

2 耐熱ボウルに卵を溶きほぐし、枝豆、**A**を加えて混ぜる。ラップをふんわりかけて、電子レンジで1分ほど加熱し、よく混ぜる。3等分してラップで茶巾のようにキュッと包み、さらに20秒ほど電子レンジで加熱する。

おすすめの副菜

もやしとツナのケチャップ炒め(P87)

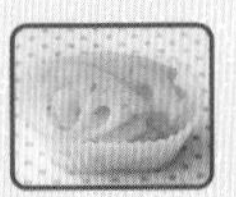

れんこんのカレーピクルス(P92)

甘い卵焼き

材料(子ども3食分)

- 卵……2個
- A
  - 砂糖……大さじ1
  - 水……小さじ1
  - 片栗粉……小さじ½
- サラダ油……適量

作り方

1 卵は溶きほぐし、Aを加えて混ぜる。

2 卵焼き器にサラダ油を熱し、油をなじませる。1を3〜4回に分けて流し入れ、そのつどくるくると巻く。粗熱をとり、6等分に切る。

おすすめの副菜

ピーラーにんじんのサラダ(P85)

ブロッコリーのオイスターきんぴら(P90)

卵焼きバリエーション

具だくさんの卵焼きも覚えておくと大活躍まちがいなし!

黄色に赤と緑色の具が映えます

かにかまとオクラの卵焼き

材料と作り方(子ども3食分)

1 かに風味かまぼこ2本(25g)は1cm幅に切る。オクラ2本(16g)は1分ほどゆでてざるにあげ、粗熱がとれたらがく部分から切り落とし、粗く刻む。

2 卵2個を溶きほぐし、しょうゆ小さじ½と1を加えて混ぜる。

3 卵焼き器にサラダ油適量を熱し、甘い卵焼き(上記参照)の作り方2と同じように焼く。

歯応えがあるちくわは小さく切って

ちくわとひじきの卵焼き

材料と作り方(子ども3食分)

1 ちくわ½本(15g)は縦4等分に切って5mm幅に切る。芽ひじき(乾燥)小さじ½は水に10分ほどつけて戻す。長ねぎ5cm(10g)は粗みじん切りにする。

2 卵2個は溶きほぐし、めんつゆ小さじ1と1を加えて混ぜる。

3 卵焼き器にサラダ油適量を熱し、甘い卵焼き(上記参照)の作り方2と同じように焼く。

甘みと塩気のバランスが絶妙

しらすとにんじんの卵焼き

材料と作り方(子ども3食分)

1 にんじん⅙本(30g)は3cm長さのせん切りにする。

2 卵2個は溶きほぐし、しょうゆ小さじ½としらす干し大さじ1を加えて混ぜる。

3 卵焼き器にサラダ油小さじ1を熱し、にんじんを1〜2分炒め、2に加えて混ぜる。卵焼き器にサラダ油少々を熱し、卵液を3〜4回に分けて流し入れ、甘い卵焼き(上記参照)の作り方2と同じように焼く。

ブロッコリーとツナ、マヨがよく合う!

ブロッコリーとツナの卵焼き

材料と作り方(子ども3食分)

1 ブロッコリー3房(30g)はざく切りにし、ツナ(水煮)⅓缶(25g)は汁気をきる。

2 卵2個は溶きほぐし、ツナとマヨネーズ小さじ2、塩少々を加えて混ぜる。

3 卵焼き器にサラダ油小さじ1を熱し、ブロッコリーを1〜2分炒め、2に加えて混ぜる。卵焼き器にサラダ油少々を熱し、卵液を3〜4回に分けて流し入れ、甘い卵焼き(上記参照)の作り方2と同じように焼く。

厚揚げ

肉巻き厚揚げのしょうが焼き

材料（子ども3食分）

- 厚揚げ……大1/3枚（80g）
- 豚ロース薄切り肉……3枚（60g）
- A
  - しょうがのすりおろし……少々
  - 酒、しょうゆ、みりん……各小さじ1
  - 砂糖……小さじ1/2
- 小麦粉……適量
- サラダ油……小さじ1

作り方

1 厚揚げは1㎝幅に切る。豚肉は短い辺を半分に切る。Aは混ぜ合わせる。

2 厚揚げを豚肉で巻き、小麦粉をまぶす。

3 フライパンにサラダ油を熱し、2を返しながら3～4分焼く。全体に焼き色がついたら、Aを加えてさっとからめる。

パプリカの梅和え（P86）

ほうれん草ののり和え（P91）

厚揚げといんげんの煮物

材料（子ども3食分）

- 厚揚げ……大1/3枚（80g）
- いんげん……2本（16g）
- A
  - 水……1/2カップ
  - めんつゆ（3倍濃縮タイプ）……大さじ1
  - 砂糖……小さじ1/2

作り方

1 厚揚げは1.5㎝角に切る。いんげんは3㎝長さに切る。

2 鍋にAを煮立て、1を加えて弱火でフタをして10分ほど煮る。

おすすめの副菜

にんじんの塩昆布和え（P85）

厚揚げとにんじんの炒めもの

材料（子ども3食分）

- 厚揚げ……大1/3枚（80g）
- にんじん……1/10本（20g）
- A
  - 酒、しょうゆ、砂糖……各小さじ1
- ごま油……小さじ1

作り方

1 厚揚げは1㎝幅に切って棒状に切る。にんじんは1.5㎝長さに切り、細切りにする。Aは混ぜ合わせる。

2 フライパンにごま油を熱し、にんじんを炒める。しんなりしたら厚揚げを加えて2分炒め、Aを加えてからめる。

おすすめの副菜

キャベツとハムのマヨサラダ（P89）

厚揚げのカレーチーズ焼き

材料(子ども3食分)

厚揚げ……½枚(100g)
サラダ油……小さじ1
A
- 粉チーズ……小さじ½
- カレー粉……小さじ¼
- 塩……少々

作り方

1 厚揚げは1cm幅に切り、一口大に切る。

2 フライパンにサラダ油を熱し、1を返しながら2〜3分焼く。全体に焼き色がついたらAを加えてさっとからめる。

おすすめの副菜

もやしのベーコン巻き(P87)

いんげんのヨーグルトマリネ(P88)

厚揚げとピーマンの梅炒め

材料(子ども3食分)

厚揚げ……大⅓枚(80g)
ピーマン……小1個(30g)
A
- 梅干し(たたいたもの)……小さじ1
- みりん……小さじ1
- 塩……少々

ごま油……小さじ1

作り方

1 厚揚げは1cm幅に切り、棒状に切る。ピーマンは5mm幅の細切りにする。Aは混ぜ合わせる。

2 フライパンにごま油を熱し、厚揚げ、ピーマンを2〜3分炒める。ピーマンがしんなりしたらAを加えてからめる。

おすすめの副菜

かぼちゃの焼き浸し(P92)

えのきの黒ごま和え(P97)

冷凍 2週間　冷蔵 3日

厚揚げのタルタル焼き

材料(子ども3食分)

厚揚げ……½枚(100g)
ゆで卵……1個
A
- マヨネーズ……小さじ2
- 塩……少々

黒いりごま……少々

作り方

1 厚揚げは1cm厚さの一口大に切る。ゆで卵は粗いみじん切りにしてボウルに入れ、Aを加えて混ぜ、タルタルソースを作る。

2 厚揚げに1のタルタルソースをのせ、オーブントースターで5〜6分焼き、黒ごまをふる。

おすすめの副菜

にんじんのたらこ炒め(P85)

ブロッコリーのチーズ和え(P90)

冷蔵 3日

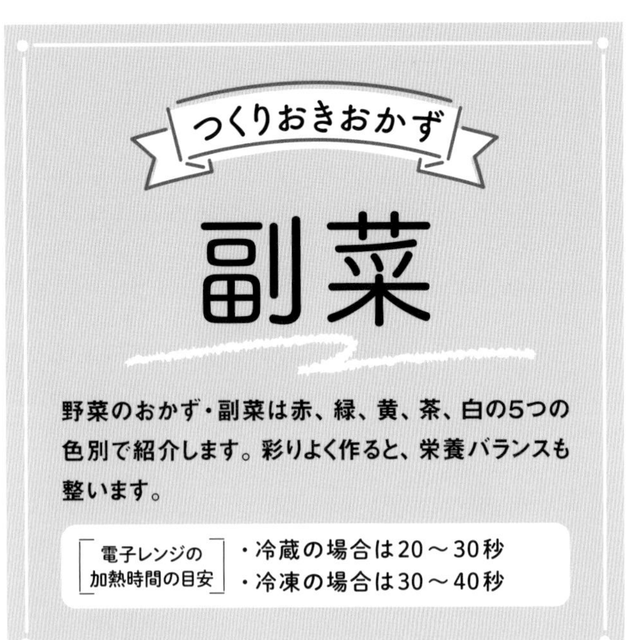

にんじんの甘煮

材料(子ども3食分)

にんじん……1/8本(20g)
A［水……1/2カップ
砂糖……小さじ2
塩……少々

作り方

1 にんじんは7～8㎜厚さの輪切りにし、好みの抜き型で抜く。

2 鍋にAを煮立てて1を加える。弱火にしてフタをし、やわらかくなるまで10分ほど煮る。

にんじんのヨーグルトマリネ

材料(子ども3食分)

にんじん……1/4本(50g)
A［プレーンヨーグルト(無糖)……大さじ1
塩……少々

作り方

1 にんじんは1㎝角に切り、やわらかくなるまでゆでる。

2 ボウルに1、Aを入れてさっと和える。

にんじんのみそ炒め

材料(子ども3食分)

にんじん……1/2本(80g)
A［みそ、みりん……各小さじ1/2
ごま油……小さじ1

作り方

1 にんじんは3㎝長さに切り、太めの細切りにする。Aは混ぜ合わせる。

2 フライパンにごま油を熱し、にんじんを炒める。しんなりしたらAを加えてさっとからめる。

ピーラーにんじんのサラダ

材料(子ども3食分)

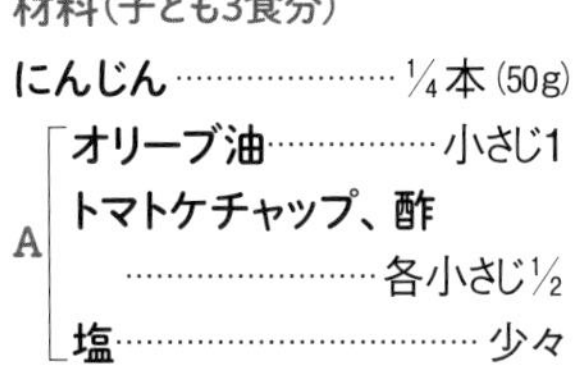

にんじん……¼本(50g)

A
- オリーブ油……小さじ1
- トマトケチャップ、酢……各小さじ½
- 塩……少々

作り方

1 にんじんは5㎝長さに切って、ピーラーで薄切りにする。耐熱ボウルに入れて水大さじ1をまわしかけ、ラップをふんわりかけて電子レンジで30秒加熱する。

2 ボウルに水気をきった1、Aを入れてさっと和える。

にんじんの塩昆布和え

材料(子ども3食分)

にんじん……½本(80g)

A
- 塩昆布……小さじ1
- 塩……少々

作り方

1 にんじんは3㎝長さに切り、せん切りにして耐熱ボウルに入れる。水大さじ1をまわしかけてラップをふんわりかけ、電子レンジで1分30秒加熱する。

2 ボウルに水気を絞った1、Aを入れてさっと和える。

にんじんのたらこ炒め

材料(子ども3食分)

にんじん……½本(80g)

たらこ……小さじ2

A
- 酒……小さじ1
- 塩……少々

サラダ油……小さじ1

作り方

1 にんじんは2～3㎜厚さの半月切りにする。たらこは薄皮を取ってほぐし、Aを加えて混ぜる。

2 フライパンにサラダ油を熱し、にんじんを炒める。しんなりしたら、1のたらこを加えてさっと炒める。

かぶとハムのトマト煮

材料(子ども3食分)

かぶ……1個(80g)

ハム……2枚(20g)

オリーブ油……小さじ1

A
- カットトマト缶……¼缶(100g)
- 塩……小さじ¼
- 砂糖……ひとつまみ

作り方

1 ハムは半分に切ってから5㎜幅の細切りにする。かぶは1㎝厚さのいちょう切りにする。

2 鍋にオリーブ油を熱し、1を炒める。油がまわったらA、水¼カップを加えてフタをし、弱火にして10分煮る。

赤色
RED

パプリカのマリネ

材料（子ども3食分）

- パプリカ（赤）……½個（75g）
- A
  - サラダ油……小さじ1
  - 酢……小さじ½
  - 塩……少々

作り方

1 パプリカは５㎜幅に切り、長さを３等分に切る。

2 耐熱ボウルに1、Aを入れてラップをふんわりかけ、電子レンジで１分加熱してさっと混ぜる。

パプリカとかにかまのしょうゆ煮

材料（子ども3食分）

- パプリカ（赤）……½個（75g）
- かに風味かまぼこ……2本（25g）
- A
  - 水……小さじ2
  - しょうゆ……小さじ1

作り方

1 かにかまは長さを４等分に切る。パプリカは小さめの乱切りにする。

2 耐熱ボウルに1、Aを入れてラップをふんわりかけ、電子レンジで1分30秒加熱してさっと混ぜる。

パプリカと桜えびのソース炒め

材料（子ども3食分）

- パプリカ（赤）……½個（75g）
- 桜えび……大さじ1
- サラダ油……小さじ1
- 中濃ソース……小さじ2

作り方

1 パプリカは５㎜幅に切り、長さを３等分に切る。

2 フライパンにサラダ油を熱し、1、桜えびを炒める。しんなりしたら中濃ソースを加えてさっとからめる。

パプリカの梅和え

材料（子ども3食分）

- パプリカ（赤）……½個（75g）
- 梅干し……½個（6g）
- ごま油……小さじ1

作り方

1 パプリカは２㎝大に切って耐熱ボウルに入れ、ラップをふんわりかけて電子レンジで１分加熱する。梅干しは種を取ってたたく。

2 ボウルに1、ごま油を入れてさっと和える。

パプリカのしょうゆマヨ和え

材料（子ども3食分）

パプリカ（赤）…………… ½個（75g）
A［**マヨネーズ**…………… 小さじ1
　 しょうゆ …………… 小さじ½

作り方

1 パプリカは5mm幅の薄切りにして、耐熱ボウルに入れてラップをふんわりとかけ、電子レンジで1分加熱する。

2 1の水気をふき取り、Aを加えてさっと混ぜる。

パプリカのチーズ炒め

材料（子ども3食分）

パプリカ（赤）…………… ½個（75g）
オリーブ油…………… 小さじ½
粉チーズ …………… 小さじ½

作り方

1 パプリカは小さめの一口大に切る。

2 フライパンにオリーブ油を熱し、1を1〜2分炒める。しんなりしたら粉チーズを加えて炒める。

もやしとツナのケチャップ炒め

材料（子ども3食分）

もやし…………… ½袋（100g）
ツナ（水煮）…………… ½缶（35g）
サラダ油…………… 小さじ1
トマトケチャップ…… 大さじ1と½

作り方

1 ツナは汁気をきる。もやしはひげ根を取る。

2 フライパンにサラダ油を熱し、もやしを炒める。しんなりしたらツナを加えてさっと炒め、ケチャップを加えてからめる。

もやしのベーコン巻き

材料（子ども3食分）

もやし…………… ⅓袋（65g）
ベーコン…………… 3枚（60g）
サラダ油…………… 小さじ½

作り方

1 ベーコンは長い辺を半分に切り、もやしはひげ根を取る。ベーコン1切れに⅙量のもやしをのせてくるくる巻き、つまようじでとめる。残りも同様にする。

2 フライパンにサラダ油を熱し、1を入れて2〜3分焼く。

緑色
GREEN

アスパラのだし浸し

材料（子ども3食分）

アスパラガス……2本（40g）

A
- 水……1/4カップ
- しょうゆ……小さじ1/2
- 和風だしの素……小さじ1/4
- 塩……少々

作り方

1 アスパラは根元を落として下1/3の皮をむき、3cm長さに切る。

2 耐熱ボウルに1、Aを入れてラップをふんわりかけ、電子レンジで1分30秒加熱する。

アスパラのじゃこ炒め

材料（子ども3食分）

アスパラガス……2本（40g）
ちりめんじゃこ……大さじ1
サラダ油……小さじ1
塩……少々

作り方

1 アスパラは根元を落として下1/3の皮をむき、1cm厚さの斜め切りにする。

2 フライパンにサラダ油を熱し、1を入れてさっと炒める。しんなりしたらじゃこを加え、塩をふって味をととのえる。

いんげんのヨーグルトマリネ

材料（子ども3食分）

いんげん……8本（64g）

A
- プレーンヨーグルト（無糖）、マヨネーズ……各小さじ1
- 塩……少々

作り方

1 いんげんは2分ゆでてざるにあげ、粗熱をとって3cm長さに切る。

2 ボウルに1、Aを入れてさっと和える。

いんげんとベーコンのスープ煮

材料（子ども3食分）

いんげん……8本（64g）
ベーコン……1枚（20g）

A
- 水……1/2カップ
- 洋風スープの素……小さじ1/4
- 塩……少々

作り方

1 いんげんは3cm長さに、ベーコンは1cm幅に切る。

2 鍋にAを煮立てて1を加え、フタをして7〜8分煮る。

キャベツのみそ和え

材料（子ども3食分）

キャベツ……1枚（80g）
かつお節……ひとつまみ
A［**みそ**……小さじ½
　砂糖、ごま油……各小さじ¼

作り方

1 キャベツは3cm大に切る。耐熱ボウルに入れてラップをふんわりかけ、電子レンジで1分加熱する。粗熱がとれたら、水気を絞る。

2 ボウルに**A**を混ぜ合わせ、**1**、かつお節を加えてさっと和える。

キャベツとハムのマヨサラダ

材料（子ども3食分）

キャベツ……1枚（80g）
ハム……1枚（10g）
塩……少々
A［**マヨネーズ**……小さじ2
　塩……少々

作り方

1 キャベツは3cm長さの細切りにしてボウルに入れ、塩をふって軽くもみ、10分ほどおいて水気を絞る。ハムは半分に切ってから1cm幅に切る。

2 ボウルに**1**、**A**を入れてさっと和える。

きゅうりの中華漬け

材料（子ども3食分）

きゅうり……½本（50g）
塩……少々
A［**しょうゆ、酢、ごま油、**
　　白すりごま……各小さじ½
　砂糖……小さじ¼

作り方

1 きゅうりは1cm厚さの小口切りにしてボウルに入れ、塩をふって軽くもみ、10分ほどおいて水気を絞る。

2 ボウルに**1**、**A**を入れて和える。

きゅうりの塩昆布和え

材料（子ども3食分）

きゅうり……1本（100g）
塩……小さじ¼
塩昆布……小さじ1

作り方

1 きゅうりは薄い小口切りにしてボウルに入れ、塩をふって軽くもみ、10分ほどおく。しんなりしたら水気を絞る。

2 ボウルに**1**、塩昆布を入れてさっと和える。

緑色
GREEN

ブロッコリーのチーズ和え

材料（子ども3食分）

ブロッコリー……………⅓個（80g）
A［粉チーズ……………小さじ1
　 塩………………………少々

作り方

1 ブロッコリーは小さめの小房に分け、2分ほどゆでてざるにあげる。

2 ボウルに**1**、**A**を入れてさっと和える。

オイスターソースの香りで食欲アップ！

冷凍 2週間
冷蔵 3日

ブロッコリーのオイスターきんぴら

材料（子ども3食分）

ブロッコリー……………⅓個（80g）
桜えび……………………大さじ½
A［酒、オイスターソース
　 ……………………各小さじ1
　 砂糖……………………小さじ½
ごま油……………………小さじ1

作り方

1 ブロッコリーは小さめの小房に分ける。**A**は混ぜ合わせる。

2 フライパンにごま油を熱し、ブロッコリーを炒める。しんなりしたら桜えびを加えて炒め、**A**を加えてさっと炒める。

オクラのおかか和え

材料（子ども3食分）

オクラ……………………5本（40g）
A［かつお節…………ふたつまみ
　 めんつゆ（3倍濃縮タイプ）
　 ……………………小さじ½

作り方

1 オクラは2分ゆでてざるにあげ、粗熱がとれたらがく部分から切り落とし、1㎝厚さの斜め切りにする。

2 ボウルに**1**、**A**を入れてさっと和える。

スナップエンドウのナムル

材料（子ども3食分）

スナップエンドウ………8本（60g）
A［ごま油、白いりごま
　 ……………………各小さじ1
　 塩………………………少々

作り方

1 スナップエンドウは筋を取り、1分ほどゆでる。ざるにあげて粗熱をとり、1本を3等分の斜め切りにする。

2 ボウルに**1**、**A**を入れてさっと和える。

小松菜の青のりマリネ

材料(子ども3食分)

小松菜……⅓束(100g)
A オリーブ油……小さじ1
A 青のり、酢……各小さじ½
A 塩……少々

作り方

1 小松菜は3cm長さに切り、1分ほどゆでる。ざるにあげて粗熱をとり、水気を絞る。

2 ボウルに1とAを入れてさっと和える。

小松菜としらすのゆかり和え

材料(子ども3食分)

小松菜……⅓束(100g)
しらす干し……大さじ1(5g)
A ごま油……小さじ1
A 赤じそふりかけ……小さじ½

作り方

1 小松菜は3cm長さに切り、1分ほどゆでる。ざるにあげて粗熱をとり、水気を絞る。

2 ボウルにしらす、1、Aを入れてさっと和える。

小松菜のカレー炒め

材料(子ども3食分)

小松菜……⅓束(100g)
ソーセージ……1本(20g)
サラダ油……小さじ1
A カレー粉……小さじ¼
A 塩……少々

作り方

1 ソーセージは縦半分に切り、5mm厚さの薄切りにする。小松菜は3cm長さに切る。

2 フライパンにサラダ油を熱し、1を炒める。しんなりしたらAを加えてさっと炒める。

ほうれん草ののり和え

材料(子ども3食分)

ほうれん草……½束(100g)
焼きのり……¼枚
しょうゆ……小さじ1

作り方

1 ほうれん草はラップで包んで1分加熱する。水に5分ほどさらして水気を絞り、3cm長さに切る。

2 ボウルに1とちぎったのりを入れ、しょうゆを加えてさっと和える。

黄色
YELLOW

かぼちゃのマリネ

材料（子ども3食分）

かぼちゃ……$\frac{1}{15}$個（80g）

A
- オリーブ油……小さじ1
- 酢……小さじ$\frac{1}{2}$
- はちみつ……小さじ$\frac{1}{4}$
- 塩……少々

作り方

1 かぼちゃは1㎝厚さの一口大に切る。耐熱皿に入れて水大さじ1を加え、ラップをふんわりかけて電子レンジで1分加熱する。

2 ボウルにAを混ぜ合わせ、1を加えてさっと和える。

ごまかぼちゃ

材料（子ども3食分）

かぼちゃ……$\frac{1}{15}$個（80g）

サラダ油……小さじ1

A
- 白いりごま……小さじ$\frac{1}{2}$
- 塩……少々

作り方

1 かぼちゃは1.5㎝角に切る。耐熱皿に入れて水大さじ1を加え、ラップをふんわりかけて電子レンジで1分加熱する。

2 フライパンにサラダ油を熱して1を焼き、焼き色がついたらAをふる。

かぼちゃの焼き浸し

材料（子ども3食分）

かぼちゃ……$\frac{1}{15}$個（80g）

A
- 水……大さじ2
- めんつゆ（3倍濃縮タイプ）……小さじ2

サラダ油……小さじ1

作り方

1 かぼちゃは1㎝厚さの小さめの一口大に切る。Aはバットに合わせる。

2 フライパンにサラダ油を熱し、かぼちゃを3～4分焼く。Aに加えてさっと和える。

れんこんのカレーピクルス

材料（子ども3食分）

れんこん……$\frac{1}{4}$節（50g）

A
- 酢……大さじ1
- 砂糖……小さじ2
- カレー粉……小さじ$\frac{1}{8}$
- 塩……少々

作り方

1 れんこんは5㎜厚さのいちょう切りにし、水に5分ほどさらして水気をきる。3分ゆでて、ざるにあげて粗熱をとる。

2 ポリ袋に1、Aを入れてさっと混ぜ、10分以上つけ込む。

パプリカのおかか炒め

材料(子ども3食分)

パプリカ(黄)……½個(75g)
サラダ油……小さじ1
A かつお節……ふたつまみ
A 塩……少々

作り方

1 パプリカは5㎜幅に切り、長さを3等分に切る。

2 フライパンにサラダ油を熱し、1を炒める。しんなりしたらAを加えてさっと炒める。

パプリカのポン酢和え

材料(子ども3食分)

パプリカ(黄)……½個(75g)
ポン酢しょうゆ……小さじ1

作り方

1 パプリカは小さめの乱切りにして耐熱ボウルに入れ、ラップをふんわりかけて電子レンジで1分加熱する。

2 1の水気をふき取ってポン酢を加え、さっと和える。

パプリカの卵炒め

材料(子ども3食分)

パプリカ(黄)……⅙個(25g)
卵……1個
A 粉チーズ……小さじ1
A 塩……少々
サラダ油……小さじ1

作り方

1 パプリカは1㎝大に切る。卵は溶きほぐしてAを加えて混ぜ合わせる。

2 フライパンにサラダ油を熱し、パプリカを炒める。しんなりしたら卵液を加えてさっと炒める。

パプリカのごまマヨ和え

材料(子ども3食分)

パプリカ(黄)……½個(75g)
A マヨネーズ、白すりごま……各小さじ1

作り方

1 パプリカは5㎜幅に切り、長さを3等分に切る。耐熱ボウルに入れてラップをふんわりかけ、電子レンジで1分加熱する。粗熱がとれたら水気を絞る。

2 1のボウルにAを加えてさっと和える。

黄色
YELLOW

さつまいもチーズ

材料（子ども3食分）

さつまいも……………… 2/5本（80g）
スライスチーズ…………1枚（16g）

作り方

1 さつまいもは皮つきのまま1cm厚さの半月切りにし、水に5分ほどさらして水気をきる。チーズは6等分する。

2 耐熱皿にさつまいもをのせて水大さじ1をかけ、ラップをふんわりかけて電子レンジで1分加熱する。火が通ったらチーズをのせて、さらに20秒加熱する。

スイートポテト

材料（子ども3食分）

さつまいも……………… 2/5本（80g）
A **牛乳**……………………小さじ2
A **砂糖**……………………小さじ1
A **バター**……………………5g

作り方

1 さつまいもは皮をむいて一口大に切り、水に5分ほどさらして水気をきる。耐熱ボウルに入れて水大さじ1を加え、ラップをふんわりかけて電子レンジで1分30秒加熱する。水気をきって熱いうちにフォークなどでつぶす。

2 **A**を加えて混ぜ、3等分して俵形にする。

さつまいものオレンジ煮

材料（子ども3食分）

さつまいも……………… 2/5本（80g）
A **オレンジジュース**… 3/4カップ
A **はちみつ**………………小さじ2
A **レモン汁**………………小さじ1/2

作り方

1 さつまいもは皮つきのまま1cm厚さのいちょう切りにする。水に5分さらして水気をきる。

2 鍋に**A**を煮立てて**1**を入れ、弱火にしてやわらかくなるまで10分ほど煮る。

大学いも風

材料（子ども3食分）

さつまいも……………… 2/5本（80g）
サラダ油…………………小さじ1
A **はちみつ**………………大さじ1/2
A **しょうゆ**………………小さじ1/3
A **黒いりごま**……………適量

作り方

1 さつまいもは皮つきのまま1.5cm角に切り、水に5分ほどさらして水気をきる。耐熱ボウルに入れて水大さじ1を加え、ラップをふんわりかけて電子レンジで1分加熱する。

2 フライパンにサラダ油を熱し、**1**を焼く。全体に焼き色がついたら**A**を加えてさっとからめる。

コーンバターしょうゆ

材料(子ども3食分)

コーン……1缶(65g)
バター……5g
しょうゆ……小さじ1/4

作り方

1 コーンは汁気をきる。

2 フライパンにバターを熱し、**1**を炒める。全体にバターがまわったら、しょうゆを加えてさっとからめる。

コーンのおやき

材料(子ども3食分)

コーン……2缶(130g)
A **小麦粉**……大さじ2
A **水**……大さじ1
サラダ油……小さじ1

作り方

1 コーンは汁気をきってボウルに入れ、**A**を加えて混ぜ合わせる。

2 フライパンにサラダ油を熱し、**1**を1/6量ずつスプーンで入れる。2分ほど焼いて焼き色がついたら返し、弱火にして2〜3分焼く。

コーンマカロニサラダ

材料(子ども3食分)

コーン……大さじ2(24g)
マカロニ……30g
A **マヨネーズ**……大さじ1
A **塩**……少々

作り方

1 コーンは汁気をきる。マカロニは袋の表示通りにゆで、ざるにあげて粗熱をとる。

2 ボウルに**1**、**A**を入れてさっと和える。

カレーポテト

材料(子ども3食分)

じゃがいも……1/2個(60g)
サラダ油……小さじ1
A **カレー粉**……小さじ1/8
A **塩**……少々

作り方

1 じゃがいもは3cm長さに切り、1cm角の棒状に切る。水に5分ほどさらして水気をきり、耐熱ボウルに入れて水大さじ1を加え、ラップをふんわりかけて電子レンジで1分30秒加熱する。

2 フライパンにサラダ油を熱して**1**を炒め、**A**を加えてさっとからめる。

茶色

BROWN

ごぼうのオイスターソース炒め

材料(子ども3食分)

ごぼう……………… ⅙本(30g)
ちくわ……………… 1本(30g)
サラダ油……………… 小さじ1
A
酒……………… 小さじ2
オイスターソース……小さじ½
砂糖……………… 小さじ¼

作り方

1 ちくわは縦半分に切って5mm厚さに切る。ごぼうは皮をこそげて、ピーラーで3cm長さのささがきにする。水に5分ほどさらして水気をきる。

2 フライパンにサラダ油を熱し、1を炒める。しんなりしたらAを加えてさっと炒める。

ごぼうのおかか煮

材料(子ども3食分)

ごぼう……………… ¼本(50g)
A
水……………… ½カップ
かつお節……………… ¼袋(1g)
しょうゆ……………… 大さじ½
砂糖……………… 小さじ1

作り方

1 ごぼうは皮をこそげて1cm厚さの半月切りにし、水に5分ほどさらして水気をきる。

2 鍋にAを入れて煮立て、1を加え、やわらかくなるまで10分ほど煮る。

切り干し大根とひじきの煮物

材料(子ども3食分)

切り干し大根……………… 10g
芽ひじき(乾燥)……… 小さじ1(1g)
ごま油……………… 小さじ½
A
水……………… ½カップ
砂糖、しょうゆ…… 各小さじ1

作り方

1 切り干し大根は15分水につけてもどし、水気を絞ってざく切りにする。ひじきは10分水につけてもどして水気をきる。

2 鍋にごま油を熱し、1を炒め、油がまわったらAを加えて弱火にし、10分ほど煮る。

じゃがいものソース炒め

材料(子ども3食分)

じゃがいも……………… 1個(120g)
サラダ油……………… 小さじ½
中濃ソース……………… 小さじ2
青のり……………… 少々

作り方

1 じゃがいもは5mm厚さのいちょう切りにし、水に5分ほどさらして水気をきる。耐熱ボウルに入れて水大さじ1を加え、ラップをふんわりかけて電子レンジで1分30秒加熱する。

2 フライパンにサラダ油を熱し、水気をきった1を炒める。油がまわったら中濃ソースを加えてさっとからめる。青のりをふる。

えのきの黒ごま和え

材料(子ども3食分)

えのきだけ……1袋(100g)

A［砂糖、しょうゆ、黒すりごま……各小さじ1

作り方

1 えのきだけは石づきを落として1cm長さに切る。

2 耐熱ボウルに1、Aを入れ、ラップをふんわりかけて電子レンジで1分加熱し、さっと混ぜる。

しいたけと油揚げの煮物

材料(子ども3食分)

しいたけ……2個(40g)

油揚げ……½枚(25g)

A［水……½カップ
めんつゆ(3倍濃縮タイプ)……小さじ2
砂糖……小さじ1

作り方

1 しいたけは石づきを落として5mm厚さに切り、1cm長さに切る。油揚げは1cm幅に切って長さを3等分に切る。

2 鍋にAを煮立てて1を入れ、弱火にして7～8分煮る。

しめじの塩昆布炒め

材料(子ども3食分)

しめじ……1袋(100g)

サラダ油……小さじ1

A［塩昆布……小さじ½
塩……少々

作り方

1 しめじは石づきを落として、1cm長さに切る。

2 フライパンにサラダ油を熱し、1を炒める。しんなりしたらAを加えてさっと炒める。

エリンギと桜えびのおかか炒め

材料(子ども3食分)

エリンギ……1パック(100g)

桜えび、かつお節…各大さじ1

サラダ油……小さじ1

しょうゆ……小さじ½

作り方

1 エリンギは縦6等分に切って、1cm長さに切る。

2 フライパンにサラダ油を熱し、1を入れて炒める。しんなりしたら桜えびとかつお節を加えてさっと炒め、しょうゆを加えてからめる。

白色
WHITE

れんこんの塩きんぴら

材料(子ども3食分)

れんこん……½節(100g)

A ┌**ごま油、みりん**……各小さじ1
　└**塩**……少々

作り方

1 れんこんは2〜3㎜厚さのいちょう切りにする。水に5分ほどさらして水気をきる。

2 耐熱ボウルに**1**、**A**を入れてさっと混ぜる。ラップをふんわりかけ、電子レンジで2分加熱する。

長いものマヨ焼き

材料(子ども3食分)

長いも……1/10本(60g)

マヨネーズ……小さじ½

A ┌**粉チーズ**……小さじ¼
　└**塩**……少々

作り方

1 長いもは1㎝厚さの半月切りにする。

2 アルミ箔にのせ、マヨネーズをかけて**A**をふり、オーブントースターで3分焼く。

もやしのごま酢和え

材料(子ども3食分)

もやし……½袋(100g)

A ┌**ごま油**……小さじ1
　│**酢**……小さじ½
　└**塩**……少々

作り方

1 もやしはひげ根を取って、長さを半分に切る。耐熱ボウルに入れてラップをふんわりかけ、電子レンジで1分加熱する。粗熱をとって水気を絞る。

2 ボウルに**1**、**A**を入れてさっと和える。

大根とツナのサラダ

材料(子ども3食分)

大根……3㎝(80g)

ツナ(水煮)……½缶(35g)

塩……少々

A ┌**ごま油**……小さじ1
　│**酢**……小さじ½
　└**塩**……少々

作り方

1 ツナは汁気をきる。大根は5㎜角の棒状に切る。塩をふって軽くもみ、10分ほどおいて水気を絞る。

2 ボウルに**1**、**A**を入れてさっと和える。

ミニガレット

材料（子ども3食分）

- じゃがいも……1個（120g）
- A 粉チーズ……大さじ½
- A 小麦粉……小さじ½
- A 洋風スープの素……小さじ¼
- オリーブ油……小さじ1

作り方

1 じゃがいもは3～4㎝長さのせん切りにする（水にはさらさない）。ボウルに入れ、Aを加えてさっと混ぜる。

2 フライパンにオリーブ油を熱し、1を⅙量ずつ丸く広げて入れる。2～3分焼いて焼き色がついたら返し、弱火にしてさらに2～3分焼く。

玉ねぎとツナのポテトサラダ

材料（子ども3食分）

- じゃがいも……½個（60g）
- 玉ねぎ……⅛個（25g）
- ツナ（水煮）……大さじ1
- A マヨネーズ……大さじ1
- A 塩……少々

作り方

1 じゃがいもは一口大に切り、水に5分ほどさらして水気をきる。耐熱ボウルに入れて水大さじ1を加え、ラップをふんわりかけて電子レンジで1分加熱する。水気をふき取って、熱いうちにフォークなどでつぶす。

2 玉ねぎは薄切りにして長さを3等分に切る。ツナは汁気をきる。

3 1のボウルに2、Aを加えて混ぜ合わせる。

かぶの甘酢漬け

材料（子ども3食分）

- かぶ……1個（80g）
- 塩……少々
- A 酢……小さじ1
- A 砂糖……小さじ½
- A 塩……少々

作り方

1 かぶは2～3㎜厚さのいちょう切りにする。塩をふって軽くもみ、10分ほどおいて水気を絞る。

2 ボウルに1、Aを入れてさっと和える。

えのきのさっぱり和え

材料（子ども3食分）

- えのきだけ……1袋（100g）
- A 酢、オリーブ油……各小さじ½
- A 洋風スープの素……小さじ¼
- A 塩……少々

作り方

1 えのきだけは石づきを落として1㎝長さに切る。耐熱ボウルに入れてラップをふんわりかけ、電子レンジで1分加熱する。

2 1にAを加えてさっと和える。

下味冷凍

肉や魚介などの食材に下味をつけて冷凍保存。この下味冷凍を使った料理例を2品ずつ紹介します。調理するときは、食材の組み合わせや調理法で変化をつけて。

［解凍方法］

冷蔵室：冷蔵室でゆっくり解凍すると、ドリップが出にくいのでおいしく解凍できます。3～4時間かかるので、前夜に冷蔵室に移しておくと、簡単です。

電子レンジ：急ぐときは電子レンジで20秒ほど加熱するか、解凍機能を使いましょう。

中華風豚そぼろの素

冷凍2週間

材料（子ども3食分）

豚ひき肉……100g

A［オイスターソース、酒……各小さじ1

A［砂糖……小さじ¼

作り方

1 ボウルにAを混ぜ合わせ、ひき肉を加えてさっと混ぜる。3等分してラップで包み、冷凍用保存袋に入れて冷凍する。

甘辛味の
豚そぼろは
子どもが大好き！

使い方例 ・そのまま炒めてごはんにのせるとそぼろ丼に。

おかず例 1

厚揚げで作るから、おべんとうに入れてもくずれません

厚揚げの麻婆炒め

材料（子ども1食分）

中華風豚そぼろの素（上記参照）……1食分

厚揚げ……大⅛個（30g）

サラダ油……小さじ½

A［水……大さじ2

A［しょうゆ……小さじ¼

［片栗粉……小さじ¼

［水……小さじ½

作り方

1 中華風豚そぼろの素は冷蔵室に3時間以上おいて解凍する。

2 厚揚げは1㎝厚さの一口大に切る。

3 フライパンにサラダ油を熱し、1を入れて炒める。色が変わったら2を加えてさっと炒める。Aを加えて1～2分煮て、分量の水で溶いた片栗粉を加えてとろみをつける。

おかず例 2

輪切りピーマンに肉だねを詰めると子どもがかみやすくて◎

ピーマンの肉詰め

材料（子ども1食分）

中華風豚そぼろの素（上記参照）……1食分

ピーマン……小⅓個（10g）

片栗粉……適量

サラダ油……小さじ½

作り方

1 中華風豚そぼろの素は冷蔵室に3時間以上おいて解凍する。

2 ピーマンは1㎝幅の輪切りにして、種を取り除く。内側に片栗粉をまぶし、1を詰める。

3 フライパンにサラダ油を熱し、2を2分焼く。返して弱火にし、フタをして2分ほど蒸し焼きにする。

豚肉のカレーじょうゆの素

冷凍 2週間

材料（子ども3食分）

豚こま切れ肉……150g
A **酒、しょうゆ**……各大さじ½
A **カレー粉**……小さじ⅛

作り方

1 豚肉は3㎝幅に切り、Aを加えてもみ込む。3等分してラップで包み、冷凍用保存袋に入れて冷凍する。

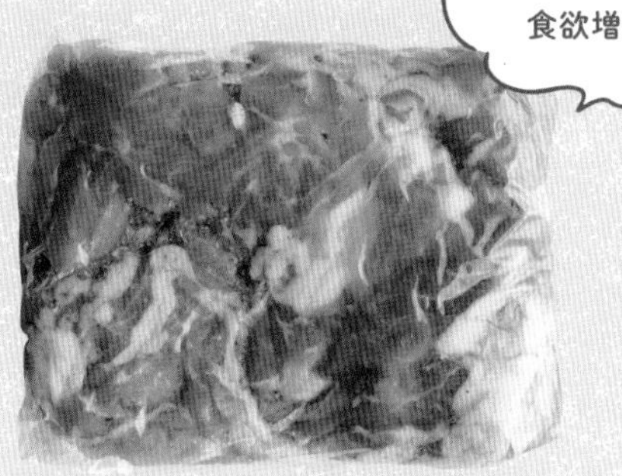

カレーの香りで食欲増進！

使い方例
・そのまま炒めて一品に。
・もやしやキャベツと一緒に炒めると肉野菜炒めに。

おかず例 1

いんげんはアスパラやにんじんに代えてもおいしい

主食 主菜 豚肉のカレーチャーハン

材料（子ども1食分）

豚肉のカレーじょうゆの素（上記参照）……1食分
温かいごはん……120g
いんげん……2本（16g）
サラダ油……小さじ½

作り方

1 豚肉のカレーじょうゆの素は冷蔵室に3時間以上おいて解凍する。

2 いんげんは1㎝厚さの小口切りにする。

3 フライパンにサラダ油を熱し、豚肉を炒める。色が変わったらいんげんを加えて炒め、いんげんがやわらかくなったらごはんを加えてパラッとするまで炒める。

おかず例 2

かたまり肉で作るよりも、子どもがかみやすい

主菜 豚こまのカレーから揚げ

材料（子ども1食分）

豚肉のカレーじょうゆの素（上記参照）……1食分
小麦粉、サラダ油……各適量

作り方

1 豚肉のカレーじょうゆの素は冷蔵室に3時間以上おいて解凍する。3等分して丸め、小麦粉をまぶす。

2 フライパンにサラダ油を深さ1㎝ほど入れて中温に熱し、豚肉を入れる。時々返しながら3分ほど揚げ焼きにし、油をきる。

鶏むね肉のさっぱり漬けの素

冷凍2週間

材料（子ども3食分）

鶏むね肉……………… $\frac{1}{3}$枚（100g）

A
- 酢……………………… 大さじ$\frac{1}{2}$
- めんつゆ（3倍濃縮タイプ）……………………… 小さじ2

作り方

1 鶏肉は1cm厚さのそぎ切りにして、3cm長さに切る。

2 ボウルに**1**、**A**を入れてさっとからめる。3等分してラップで包み、冷凍用保存袋に入れて冷凍する。

酢とめんつゆでさっぱりとした味つけ

使い方例
- ・小麦粉をまぶして揚げ焼きに。
- ・パン粉をつけてフライに。

おかず例❶

さつまいもも棒状に切ってかみ切りやすく

鶏肉とさつまいものさっぱり炒め

材料（子ども1食分）

鶏むね肉のさっぱり漬けの素（上記参照）……1食分

さつまいも………… $\frac{1}{10}$本（20g）

サラダ油…………… 小さじ$\frac{1}{2}$

作り方

1 鶏むね肉のさっぱり漬けの素は冷蔵室に3時間以上おいて解凍する。

2 さつまいもは皮つきのまま3cm長さに切ってから1cm角の棒状に切り、水に5分ほどさらし、水気をきる。耐熱ボウルに入れて水大さじ1を加え、ラップをふんわりかけて電子レンジで1分加熱する。

3 フライパンにサラダ油を熱し、鶏肉を3分炒め、**2**を加えてさっと炒める。

おかず例❷

塩昆布でうまみをプラス！　レンチンで簡単!!

鶏肉とキャベツの塩昆布蒸し

材料（子ども1食分）

鶏むね肉のさっぱり漬けの素（上記参照）……1食分

キャベツ…………… $\frac{1}{4}$枚（15g）

塩昆布……………… 小さじ$\frac{1}{2}$

作り方

1 鶏むね肉のさっぱり漬けの素は冷蔵室に3時間以上おいて解凍する。

2 キャベツは3cm大に切る。

3 耐熱皿に**2**、鶏肉、塩昆布の順にのせる。ラップをふんわりかけて電子レンジで1分加熱し、混ぜる。

●解凍を急ぐときは、電子レンジで20秒ほど加熱するか、解凍機能を使いましょう。

牛肉のうま塩漬けの素

冷凍2週間

材料(子ども3食分)
牛切り落とし肉……100g
A
- 酒……小さじ1
- 洋風スープの素……小さじ¼
- 塩……少々

作り方
1 牛肉は3cm幅に切る。
2 ボウルに1、Aを入れてさっとからめる。3等分してラップで包み、冷凍用保存袋に入れて冷凍する。

使い方例
・そのまま炒めてごはんにのせると牛丼に。
・アスパラガスやパプリカと一緒に炒める。

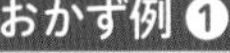
おかず例1

ホクホクのじゃがいもに、粉チーズをからめて

牛肉とじゃがいものチーズ炒め

材料(子ども1食分)
牛肉のうま塩漬けの素
(上記参照)……1食分
じゃがいも……¼個(30g)
サラダ油……小さじ½
粉チーズ……小さじ½

作り方
1 牛肉のうま塩漬けの素は冷蔵室に3時間以上おいて解凍する。じゃがいもは1cm厚さのいちょう切りにし、水に5分ほどさらして水気をきる。耐熱ボウルに入れて水大さじ1を加え、ラップをふんわりかけて電子レンジで1分加熱する。
2 フライパンにサラダ油を熱し、牛肉を2分ほど炒める。じゃがいもと粉チーズを加えてさっと炒める。

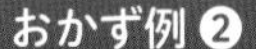
おかず例2

牛肉に野菜、めんつゆを合わせた簡単パスタ

牛肉と野菜の和風パスタ

材料(子ども1食分)
牛肉のうま塩漬けの素
(上記参照)……1食分
スパゲッティ……50g
ブロッコリー……⅛個(30g)
ミニトマト……2個(20g)
オリーブ油……小さじ1
めんつゆ(3倍濃縮タイプ)
……小さじ1

作り方
1 牛肉のうま塩漬けの素は冷蔵室に3時間以上おいて解凍する。ミニトマトは4等分に切る。ブロッコリーは小さめの小房に分ける。
2 スパゲッティは長さを半分に折り、袋の表示通りにゆでる。ゆであがり2分前にブロッコリーを加え、ともにざるにあげる。スパゲッティはさっと洗ってオリーブ油小さじ½をからめる。
3 フライパンにオリーブ油小さじ½を熱し、牛肉を炒める。肉の色が変わったらミニトマト、ブロッコリー、スパゲッティを加えてさっと炒め、めんつゆを加えてからめる。

鮭の
しょうゆマヨ漬けの素

冷凍 2週間

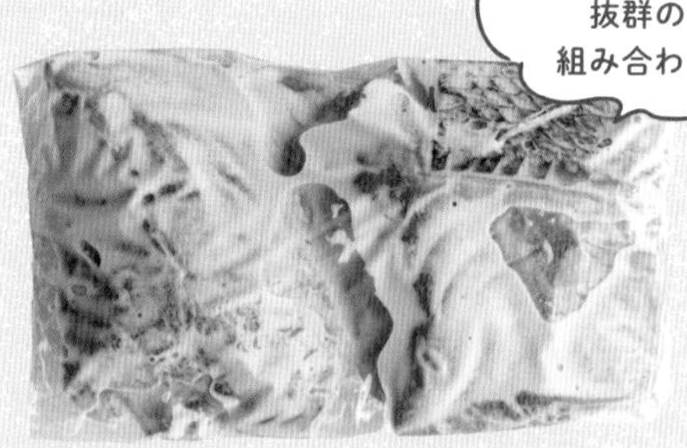

鮭とマヨネーズは抜群の組み合わせ

材料（子ども3食分）

生鮭……大1切れ（100g）

A［**マヨネーズ**……小さじ2
　しょうゆ……小さじ½

作り方

1 鮭は6等分に切る。

2 ボウルにAを混ぜ合わせ、1を加えてさっとからめる。3等分してラップで包み、冷凍用保存袋に入れて冷凍する。

使い方例
- オーブントースターで焼いてごはんに混ぜる。
- ごはんと一緒に炒めてチャーハンに。

おかず例 ❶

好みの野菜を合わせてオーブントースターで焼くだけ

主菜 鮭とオクラの しょうゆマヨ焼き

材料（子ども1食分）

鮭のしょうゆマヨ漬けの素
（上記参照）……1食分

オクラ……1本（8g）

作り方

1 鮭のしょうゆマヨ漬けの素は冷蔵室に3時間以上おいて解凍する。

2 オクラはがく部分から切り落とし、斜め2等分に切る。

3 アルミ箔に鮭、オクラをのせてオーブントースターに入れ、7分ほど焼く。

おかず例 ❷

れんこんはシャキシャキ食感が残るように炒めて

主菜 鮭とれんこんの しょうゆマヨ炒め

材料（子ども1食分）

鮭のしょうゆマヨ漬けの素
（上記参照）……1食分

れんこん……1cm幅（15g）

サラダ油……小さじ½

作り方

1 鮭のしょうゆマヨ漬けの素は冷蔵室に3時間以上おいて解凍し、1切れを2等分に切る。

2 れんこんは2～3mm厚さのいちょう切りにし、水に5分ほどさらして水気をきる。

3 フライパンにサラダ油を熱し、鮭、れんこんを3～4分炒める。

●解凍を急ぐときは、電子レンジで20秒ほど加熱するか、解凍機能を使いましょう。

たらのごま塩漬けの素

冷凍 2週間

淡泊なたらにごまで香ばしさをプラス

材料(子ども3食分)

たら……大1切れ(100g)

A
- 白すりごま……小さじ2
- 酒……小さじ1
- 鶏がらスープの素……小さじ½

作り方

1 たらは6等分に切る。

2 ボウルにAを混ぜ合わせ、1を加えてさっとからめる。3等分してラップで包み、冷凍用保存袋に入れて冷凍する。

使い方例
- きのこと一緒に炒める。
- チーズをのせてオーブントースターで7分ほど焼くとたらのチーズ焼きに。

おかず例 ❶

ごまの風味ににんじんの甘みがよく合います

たらとにんじんのごま塩炒め

主菜

材料(子ども1食分)

たらのごま塩漬けの素(上記参照)……1食分
にんじん……1/10本(15g)
サラダ油……小さじ½

作り方

1 たらのごま塩漬けの素は冷蔵室に3時間以上おいて解凍し、1切れを2等分に切る。

2 にんじんは2～3mm厚さの半月切りにする。

3 フライパンにサラダ油を熱し、たら、にんじんを3～4分炒める。

おかず例 ❷

味が染みているからレンチンですぐできる

たらと小松菜のごま塩和え

主菜

材料(子ども1食分)

たらのごま塩漬けの素(上記参照)……1食分
小松菜……1/10束(30g)

作り方

1 たらのごま塩漬けの素は冷蔵室に3時間以上おいて解凍する。

2 小松菜は3cm長さに切る。

3 耐熱ボウルにたら、小松菜を入れてラップをふんわりかけ、電子レンジで40秒加熱する。たらの皮と骨を取り除き、身をほぐしながらさっと和える。

めかじきのみそ漬けの素

冷凍 2週間

みそ漬けはたら、ぶりでもおいしい！

材料(子ども3食分)

めかじき…………大1切れ(100g)

A **みそ、酒**…………各小さじ2
砂糖…………小さじ1

作り方

1 めかじきは6等分に切る。

2 ボウルにAを混ぜ合わせ、1を加えてさっとからめる。3等分してラップで包み、冷凍用保存袋に入れて冷凍する。

使い方例 ・そのままオーブントースターで7分ほど焼くのが◎。

おかず例 1

みそ漬けは焦げやすいので、軽くぬぐってから焼いて

 主菜 めかじきのみそ漬け焼き

材料(子ども1食分)

めかじきのみそ漬けの素
(上記参照)…………1食分

アスパラガス…… ½本(10g)

サラダ油…………小さじ½

作り方

1 めかじきのみそ漬けの素は冷蔵室に3時間以上おいて解凍する。

2 アスパラは根元を落として下⅓の皮をむき、1㎝厚さの斜め切りにする。

3 フライパンにサラダ油を熱し、めかじき、アスパラを焼く。2～3分焼いてめかじきに焼き色がついたら返し、弱火にしてさらに1～2分焼く。

おかず例 2

ねぎの香ばしさもよく合う。きのこを足しても◎

 主菜 めかじきとねぎのみそ炒め

材料(子ども1食分)

めかじきのみそ漬けの素
(上記参照)…………1食分

長ねぎ…………7～8㎝(15g)

サラダ油…………小さじ½

作り方

1 めかじきのみそ漬けの素は冷蔵室に3時間以上おいて解凍し、1切れを2～3等分に切る。

2 長ねぎは2～3㎜厚さの斜め薄切りにする。

3 フライパンにサラダ油を熱し、めかじきを2～3分炒める。色が変わったら、長ねぎを加えてさっと炒める。

 ●解凍を急ぐときは、電子レンジで20秒ほど加熱するか、解凍機能を使いましょう。

えびの オイスター漬けの素

冷凍 2週間

材料(子ども3食分)
むきえび……12尾(120g)
A［オイスターソース……小さじ2
　 酒……小さじ1

作り方
1 えびは片栗粉(分量外)をまぶして流水でもみ洗いし、水気をふき取る。
2 ボウルにAを入れて混ぜ合わせ、えびを加えてさっとからめる。3等分してラップで包み、冷凍用保存袋に入れて冷凍する。

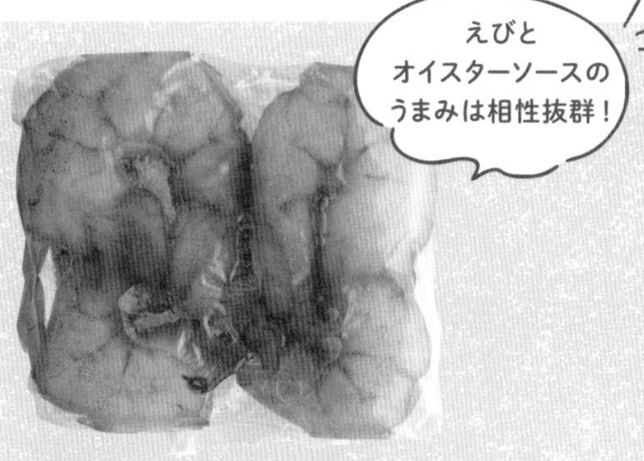

えびと
オイスターソースの
うまみは相性抜群！

使い方例
・溶き卵と一緒にさっと炒めてえびの卵炒めに。
・そのままオーブントースターで7〜8分焼くのもおすすめ。

おかず例 1

チンゲン菜の代わりに、小松菜やキャベツもおすすめ！

 えびとチンゲン菜の オイスターソース炒め

主菜

材料(子ども1食分)
えびのオイスター漬けの素
　(上記参照)……1食分
チンゲン菜……$\frac{1}{3}$株(30g)
サラダ油……小さじ$\frac{1}{2}$

作り方
1 えびのオイスター漬けの素は冷蔵室に3時間以上おいて解凍する。
2 チンゲン菜は3㎝長さに切って軸を縦2〜3等分に切り、葉を2㎝幅に切る。
3 フライパンにサラダ油を熱し、えびを炒める。色が変わったらチンゲン菜を加えてさっと炒める。

おかず例 2

野菜もたっぷり！　この1品でおべんとうは大満足！

  えび焼きそば

主食 主菜

材料(子ども1食分)
えびのオイスター漬けの素
　(上記参照)……1食分
中華蒸し麺……$\frac{2}{3}$袋(100g)
もやし……$\frac{1}{4}$袋(50g)
にら……1本(10g)
サラダ油……小さじ1
しょうゆ……大さじ$\frac{1}{2}$

作り方
1 えびのオイスター漬けの素は冷蔵室に3時間以上おいて解凍する。
2 もやしはひげ根を取って、長さを半分に切る。にらは3㎝長さに切る。中華麺は食べやすく切って耐熱皿にのせ、ラップをふんわりかけて電子レンジで30秒加熱する。
3 フライパンにサラダ油を熱し、えびを炒める。色が変わったらもやし、にらを加えてさっと炒める。中華麺を加えて水大さじ1をまわし入れ、ほぐしながら炒める。しょうゆを加えてさっとからめる。

つくりおきが
ないときに！

特急おべんとう&おかず

特急おべんとう

急いでいるときは、主菜を兼ねたようなワンプレート（主食）がおすすめ！
副菜を作らなくても、スキマおかずや飾り切りを組み合わせれば栄養もとれます。

ロールパンとソーセージがあれば！

ホットドッグべんとう

ホットドッグ

ミニトマト ➡P56

アスパラチーズ

ソーセージは切り込みを入れて食べやすく

  ホットドッグ

主食 主菜

材料（子ども1食分）

- ロールパン……2個（60g）
- ソーセージ……2本（40g）
- キャベツ……½枚（40g）
- サラダ油……小さじ½
- 塩……少々

作り方

1 ソーセージは縦半分に切り、長さを半分に切る。キャベツは3〜4cm長さに切って5mm幅の細切りにする。ロールパンは真ん中に切り込みを入れ、半分に切る。

2 フライパンにサラダ油を熱し、キャベツを炒める。しんなりしたら塩をふって取り出す。同じフライパンでソーセージを1〜2分焼き、取り出す。

3 ロールパンにキャベツとソーセージを挟む。

野菜はきゅうりやオクラでもOK

 アスパラチーズ

副菜

材料（子ども1食分）

- アスパラガス……1本（20g）
- プロセスチーズ……10g

作り方

1 アスパラは根元を落として下⅓の皮をむき、2cm長さに切る。チーズは食べやすく切る。

2 アスパラをさっとゆで、ざるにあげて粗熱をとる。

「週末につくりおきする時間がとれなかった」「足りなくなってしまった」など、
困ったときに役立つスピードべんとう、おかずを紹介。
自宅にある食材で、簡単に作れます。

ピラフは食材を切ったらレンチンすればOK！

カレーピラフべんとう

キャンディかまぼこ ➡P59

カレーピラフ

くだもの ➡P56

ソーセージはベーコンやハムに代えても

カレーピラフ

材料(子ども1食分)

温かいごはん……120g
ソーセージ……1本(20g)
小松菜……1/6束(50g)
※市販の冷凍小松菜を使用してもOK!
A［**バター**……5g
　塩、カレー粉……各小さじ1/4

作り方

1 ソーセージは1㎝厚さの輪切りにする。小松菜は2㎝長さに切る。

2 耐熱ボウルに1を入れ、ラップをふんわりかけ、電子レンジで1分加熱する。火が通ったら水気をふき取り、ごはん、Aを加えてさっと混ぜる。

ピラフバリエーション

レンチンして混ぜれば、なんでもピラフに

ベーコンとピーマンのケチャップピラフ

材料と作り方(1食分)

1 ベーコン1枚(20g)は1㎝幅に切り、ピーマン1個(40g)は短めの細切りにする。

2 ともに耐熱ボウルに入れてラップをふんわりかけ、電子レンジで1分加熱する。水気をふき取って温かいごはん120gを加え、トマトケチャップ大さじ1、塩少々、バター5gを加えて混ぜる。

ツナとパプリカ、コーンのピラフ

材料と作り方(1食分)

1 赤パプリカ1/6個(30g)は1㎝大に切り、耐熱ボウルに入れてラップをふんわりかけて電子レンジで40秒加熱し、水気をふき取る。

2 温かいごはん120gを加え、汁気をきったツナ(水煮)1/2缶(35g)、コーン大さじ2(24g)、塩少々、バター5gを加えて混ぜる。

特急おかず（主菜）

切って加熱するだけのお助けレシピ6品をご紹介！
肉や魚介の加工品を使うと、調理時間の短縮にもつながります。

ソーセージとアスパラの塩炒め

材料（子ども1食分）

- **ソーセージ**……1本（20g）
- **アスパラガス**……1本（20g）
- **オリーブ油**……小さじ½
- **塩**……少々

作り方

1 ソーセージは1㎝厚さの斜め切りにする。アスパラは根元を落として下⅓の皮をむき、1㎝厚さの斜め切りにする。

2 フライパンにオリーブ油を熱し、**1**を2分炒める。塩を加えてさっと混ぜる。

ちくわと小松菜のおかか炒め

材料（子ども1食分）

- **ちくわ**……½本（15g）
- **小松菜**……1/15束（20g）
- **サラダ油**……小さじ½
- A
  - **しょうゆ**……小さじ¼
  - **かつお節**……ひとつまみ

作り方

1 ちくわは3㎝長さに切って、縦6等分に切る。小松菜は3㎝長さに切る。

2 フライパンにサラダ油を熱し、小松菜を炒める。しんなりしたらちくわを加えてさっと炒め、**A**を加えてからめる。

厚揚げとピーマンのしょうゆマヨ炒め

材料（子ども1食分）

- **厚揚げ**……大⅛枚（30g）
- **ピーマン**……小½個（15g）
- **サラダ油**……小さじ½
- A
  - **しょうゆ、マヨネーズ**……各小さじ½

作り方

1 厚揚げは1㎝角の棒状に切る。ピーマンは乱切りにする。

2 フライパンにサラダ油を熱し、**1**を炒める。しんなりしたら**A**を加えてさっとからめる。

ツナとオクラの卵炒め

材料（子ども1食分）

- ツナ（水煮）……大さじ½
- オクラ……1本（8g）
- 溶き卵……½個分
- サラダ油……小さじ½
- めんつゆ（3倍濃縮タイプ）……小さじ¼

作り方

1 オクラはガク部分から切り落とし、1㎝厚さの小口切りにする。

2 ボウルに溶き卵、ツナを汁気をきって入れて混ぜる。

3 フライパンにサラダ油を熱し、1を炒める。しんなりしたら2を流し入れてさっと混ぜ、1分炒める。めんつゆを加えてからめる。

鶏肉とブロッコリーのケチャップ炒め

材料（子ども1食分）

- 鶏もも肉……⅙枚（50g）
- ブロッコリー……2房（20g）
- オリーブ油……小さじ½
- A
  - トマトケチャップ……小さじ1
  - 砂糖……少々

作り方

1 鶏肉は小さめの一口大に切る。ブロッコリーは小さめの小房に分ける。

2 フライパンにオリーブ油を熱し、1を3分焼き、Aを加えてさっと炒める。

豚肉とにんじんのめんつゆ煮

材料（子ども1食分）

- 豚こま切れ肉……30g
- にんじん……⅒本（20g）
- A めんつゆ（3倍濃縮タイプ）、水……各小さじ1

作り方

1 豚肉は3㎝幅に切る。にんじんは2～3㎜厚さの半月切りにする。

2 耐熱ボウルに1、Aを入れてさっと混ぜ、ラップをふんわりかけて電子レンジで1分30秒加熱する。

特急おかず（副菜）

生で食べられるミニトマトやきゅうりを使った加熱なしのおかずとレンチンだけで作れるおかずです。

ミニトマトのナムル

材料（子ども1食分）

ミニトマト……2個（20g）
A ┌ **ごま油、白すりごま**……各小さじ½
　└ **塩**……少々

作り方

1 ミニトマトは4等分に切ってボウルに入れ、Aを加えて和える。

きゅうりのゆかり和え

材料（子ども1食分）

きゅうり……⅕本（20g）
赤じそふりかけ……小さじ¼

作り方

1 きゅうりは5㎜厚さの小口切りにしてボウルに入れ、赤じそふりかけを加えて和える。

小松菜のオイスターソース炒め

材料（子ども1食分）

小松菜……1/10束（30g）
A ┌ **ごま油**……小さじ¼
　│ **オイスターソース**……小さじ½
　└ **白いりごま**……小さじ½

作り方

1 小松菜は3㎝長さに切って耐熱ボウルに入れ、Aをからめる。ラップをふんわりかけて電子レンジで50秒加熱し、さっと混ぜる。

オクラのレンジ煮浸し

材料（子ども1食分）

オクラ……2本（16g）
A ┌ **めんつゆ**（3倍濃縮タイプ）……小さじ½
　└ **水**……小さじ½

作り方

1 オクラはガク部分から切り落とし、斜め半分に切る。

2 耐熱ボウルに1、Aを入れ、ラップをふんわりかけて電子レンジで1分加熱する。

いんげんのマヨ和え

材料（子ども1食分）
いんげん……3本（24g）
マヨネーズ……小さじ½

作り方
1 いんげんは2分ゆでてざるにあげ、粗熱をとって3cm長さに切る。ボウルに入れてマヨネーズで和える。

コーンのおかか和え

材料（子ども1食分）
コーン……⅓缶（20g）
かつお節……ひとつまみ

作り方
1 コーンは汁気をきって、かつお節を加えて和える。

かぶのチーズソテー

材料（子ども1食分）
かぶ……⅓個（25g）
かぶの葉（あれば）……少々
A 粉チーズ……小さじ½
A 塩……少々

作り方
1 かぶは1cm厚さのくし形切りにし、長さを半分に切る。かぶの葉は2cm長さに切る。
2 耐熱皿に1、Aを入れ、ラップをふんわりかけて電子レンジで50秒加熱する。

アスパラのポン酢和え

材料（子ども1食分）
アスパラガス……1本（20g）
ポン酢しょうゆ……小さじ¼

作り方
1 アスパラは根元を落として下⅓の皮をむき、3cm長さに切って耐熱ボウルに入れ、ラップをふんわりかけて電子レンジで40秒加熱する。
2 水気をきってポン酢で和える。

特急おかず(主食)

ごはん・パン・麺に具を加えれば満足感のあるおべんとうになります！
肉類や魚介類、野菜を合わせた主食は、栄養も問題なし！

チャーハン

材料(子ども1食分)

- 温かいごはん……120g
- 溶き卵……½個分
- ハム……1枚(10g)
- 長ねぎ……5cm(10g)
- サラダ油……小さじ1
- A しょうゆ……小さじ½
- A 塩……少々
- 黒いりごま……適量

作り方

1 ハムは半分に切って1cm幅に切る。長ねぎは小口切りにする。

2 フライパンにサラダ油を熱し、1を炒める。しんなりしたら溶き卵を加えてさっと炒め、ごはんを加えて炒める。

3 パラッとしたらAを加えて炒め合わせる。仕上げに黒ごまをふる。

ソース焼きそば

材料(子ども1食分)

- 中華蒸し麺……⅔袋(100g)
- 玉ねぎ……⅛個(25g)
- ちくわ……½本(15g)
- にんじん……1/20本(10g)
- サラダ油……小さじ1
- 中濃ソース……大さじ1と½
- 青のり……少々

作り方

1 ちくわは5mm幅の細切りにする。にんじんは3cm長さの細切り、玉ねぎは薄切りにして長さを半分に切る。

2 中華麺はレンジで1分加熱し、食べやすく切る。

3 フライパンにサラダ油を熱し、1を炒める。しんなりしたら2を加え、水大さじ1をまわし入れてほぐしながら炒める。中濃ソースを加えてからめる。仕上げに青のりをふる。

ナポリタン

材料(子ども1食分)

- マカロニ……50g
- 玉ねぎ……⅛個(25g)
- ベーコン……1枚(20g)
- ピーマン……小½個(15g)
- オリーブ油……小さじ1
- A トマトケチャップ……小さじ2
- A 塩……少々
- 粉チーズ……適量

作り方

1 ベーコンは1cm幅に切る。ピーマンは横に5mm幅に切る。玉ねぎは薄切りにして、長さを半分に切る。

2 マカロニは袋の表示通りにゆでてざるにあげ、流水でしっかり洗ってぬめりを落とし、水気をきってオリーブ油小さじ½をからめる。

3 フライパンにオリーブ油小さじ½を熱し、1を炒める。しんなりしたら2、Aを加えてさっとからめる。仕上げに粉チーズをふる。

Part 3

イベントのつくりおきおべんとう

イベントは特別なおべんとうで盛り上げたい!!
季節のモチーフや色を盛り込んだおべんとうです。
つくりおきしておけば、当日の朝にあわてずにすみます。

春
SPRING

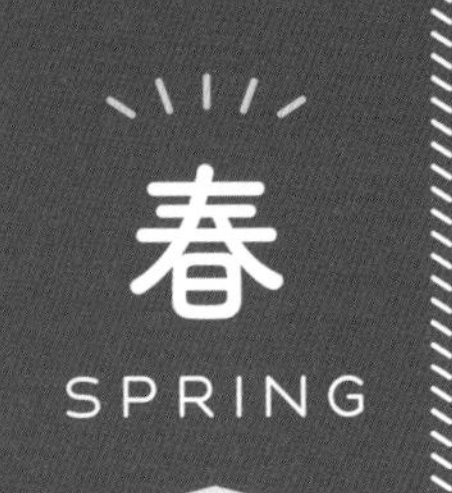

つくりおきの運動会べんとう

家族で食べる運動会のおべんとう。時間に余裕のある日に主菜と副菜をつくりおきしておくと、当日の朝は生野菜や主食を調理するだけで完成です！

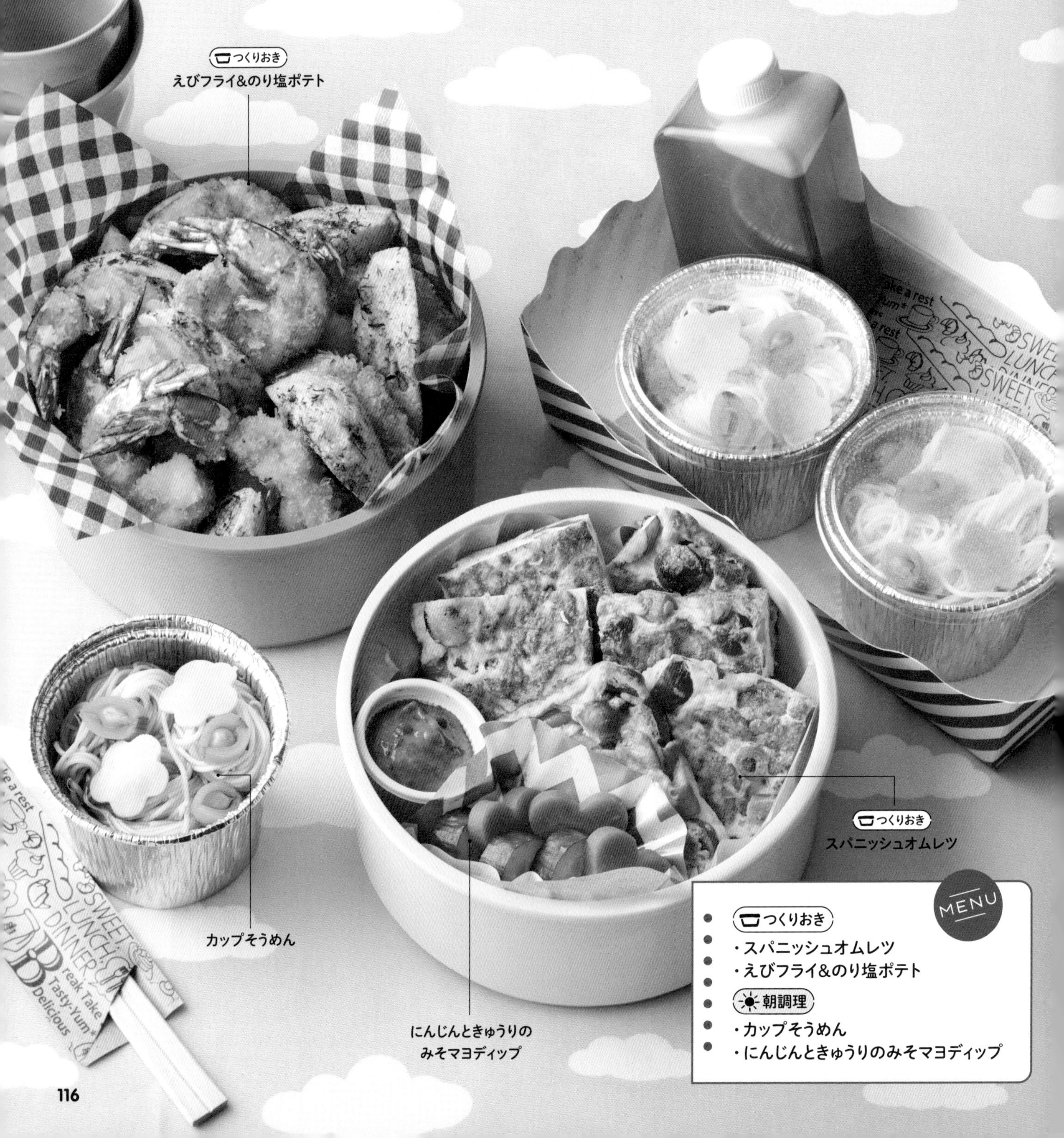

つくりおき
えびフライ&のり塩ポテト

つくりおき
スパニッシュオムレツ

カップそうめん

にんじんときゅうりの
みそマヨディップ

MENU

- つくりおき
  - ・スパニッシュオムレツ
  - ・えびフライ&のり塩ポテト
- 朝調理
  - ・カップそうめん
  - ・にんじんときゅうりのみそマヨディップ

具だくさんでボリューム満点！　つくりおき

主菜 スパニッシュオムレツ

材料(大人2人分+子ども1人分)

卵……3個
ソーセージ……3本(60g)
パプリカ(赤)……1/4個(40g)
いんげん……3本(24g)
A［ピザ用チーズ……20g
　牛乳……大さじ1
　塩……少々］
オリーブ油……大さじ1/2

作り方〈つくりおき〉

1 ソーセージは1cm厚さの輪切りにする。パプリカは1cm大に切り、いんげんは1cm厚さの小口切りにする。

2 ボウルに卵を溶きほぐし、Aを加えて混ぜる。

3 卵焼き器にオリーブ油を熱し、1を2分炒める。2を流し入れ、菜箸で混ぜながら半熟状に火を通す。弱火にして2分ほど焼き、焼き色がついたら返してさらに2〜3分焼く。

4 粗熱をとり、食べやすい大きさに切る。ラップで包んで保存袋に入れて冷蔵(または冷凍)する。

冷凍 2週間　

作り方〈当日〉

1 スパニッシュオムレツはラップをふんわりかけ、電子レンジで加熱する。

【加熱時間】
冷蔵 50秒
冷凍 1分30秒〜2分

み〜んな大好き♪　つくりおき

  えびフライ＆のり塩ポテト

主菜　副菜

材料(大人2人分+子ども1人分)

えび(殻つき)……15尾(250g)
塩……適量
溶き卵……1/2個分
小麦粉、パン粉……各適量
じゃがいも……2個(240g)
青のり……小さじ1/2
サラダ油……適量

作り方〈つくりおき〉

1 えびは尾を残して殻をむき、背中に切り込みを入れて背わたを取る。片栗粉(分量外)をまぶして流水でもみ洗いし、水気をふき取る。塩少々をふって小麦粉、溶き卵、パン粉の順にまぶす。

2 じゃがいもはくし形切りにし、水に5分ほどさらして水気をふき取る。

3 フライパンにサラダ油を深さ1cmほど入れて中温に熱し、2を入れて時々返しながら4〜5分揚げ焼きにし、油をきる。ボウルに入れて塩少々、青のりを加えてさっと混ぜる。

4 同じフライパンに1を入れ、時々返しながら3分ほど揚げ焼きにし、油をきる。

5 えびフライ、のり塩ポテトは別々の保存容器に分けて入れ、冷蔵(または冷凍)する。

▸えびフライ
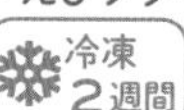

▸のり塩ポテト

作り方〈当日〉

1 耐熱皿にキッチンペーパーを敷き、えびフライ、のり塩ポテトをのせる。ラップをかけずに電子レンジでそれぞれ加熱する。

【加熱時間】
▸えびフライ
冷蔵 1分〜1分30秒
冷凍 1分30秒〜2分
▸のり塩ポテト
冷蔵 1分30秒〜2分

つゆはその場で注げば、そうめんがのびません　朝調理

 カップそうめん

主食

材料(大人2人分+子ども1人分)

そうめん……4束(200g)
ハム……2枚(20g)
スナップエンドウ……2本(16g)
塩……小さじ1
A［めんつゆ(3倍濃縮タイプ)……1/4カップ
　水……1と1/4カップ］

作り方

1 スナップエンドウは塩ゆでして1cm長さに切る。ハムは好みの抜き型で抜く。

2 そうめんはたっぷりの湯で表示時間通りにゆで、流水でしっかり洗って水気をきる。カップに1人分ずつ取り分け、1をのせる。

3 Aを混ぜ合わせて、密閉ボトルに入れる。食べる直前にかける。

みそマヨディップがあれば、野菜もパクパク！　

 にんじんときゅうりのみそマヨディップ

副菜

材料(大人2人分+子ども1人分)

にんじん……1/4本(50g)
きゅうり……2/3本(70g)
A［マヨネーズ……大さじ1
　みそ……大さじ1/2］

作り方

1 にんじんは7〜8mm厚さの輪切りにして好みの抜き型で抜き、やわらかくなるまでゆでる。きゅうりは1cm厚さに切る。

2 Aは混ぜ合わせ、保存容器などに入れる。

つくりおきの七夕べんとう

おにぎりには星の形に切った野菜、チーズを飾って流れ星、星の形に見えるゆでオクラなど、七夕に吊るす短冊のように色とりどりの食材を詰めます。

ギザギザゆで卵 ➡P58

きゅうりの浅漬け

つくりおき
照り焼きつくね

お星さまおにぎり

つくりおき
ゆでオクラ

MENU

- つくりおき
  - ・照り焼きつくね
  - ・ゆでオクラ
- 朝調理
  - ・お星さまおにぎり
  - ・きゅうりの浅漬け
  - ・ギザギザゆで卵

たれをからめて、しっとり！ つくりおき

照り焼きつくね

主菜

材料(子ども3食分)

- 鶏ひき肉……150g
- 玉ねぎ(みじん切り)……大さじ3
- A 酒、片栗粉……各小さじ1と½
- A 塩……少々
- サラダ油……小さじ1
- B 酒……大さじ1
- B 砂糖、しょうゆ…各小さじ1と½

作り方〈つくりおき〉

1 ボウルにひき肉、玉ねぎ、Aを入れてよく練り混ぜ、6等分して平たい円形にととのえる。

2 フライパンにサラダ油を熱し、1を並べる。焼き色がついたら返し、フタをして弱火で2～3分蒸し焼きにする。

3 Bを混ぜ合わせて加え、さっとからめる。粗熱がとれたら、2個ずつ冷蔵(または冷凍)する。

冷凍 2週間 冷蔵 3日

作り方〈当日〉

1 照り焼きつくね(1食分)はラップをふんわりかけ、電子レンジで加熱する。

【加熱時間】
冷蔵 40秒
冷凍 50秒ほど

お星さまの形に見立てて！ つくりおき

ゆでオクラ

副菜

材料(子ども3食分)

- オクラ……3本(24g)
- 塩……小さじ½

作り方〈つくりおき〉

1 鍋に水1と½カップを入れて沸かし、塩を加えてオクラを1分ほどゆで、ざるにあげて湯をきる。

2 がく部分から切り落として、斜め半分に切る。⅓量ずつ冷蔵(または冷凍)する。

冷凍 2週間 冷蔵 3日

作り方〈当日〉

1 ゆでオクラ(1食分)はラップをふんわりかけ、電子レンジで加熱する。

【加熱時間】
冷蔵 20秒
冷凍 30秒ほど

流れ星がかわいい 朝調理

お星さまおにぎり

主食

材料(子ども1食分)

- 温かいごはん……120g
- 焼きのり(2㎝幅)……2本
- にんじん(3㎜厚さ)……2枚
- スライスチーズ……¼枚(4g)
- 絹さやエンドウ……1枚(2g)

作り方

1 にんじん、絹さやは一緒にさっとゆでる。にんじん、チーズは星の抜き型で抜き(にんじんはチーズのひと回り大きい型を使う)、絹さやは半分に切ってV字に切り込みを入れる。

2 ごはんは2等分して平たい円形ににぎり、まわりにのりを巻く。1をのせる。

Point
のりを巻いて食べやすく

おにぎりはのりを側面に巻くことで、くずれにくくしています。食べにくい場合はもみのりにして、側面につけてもよいでしょう。流れ星のにんじん、チーズは逆にしてもOK。ほかに、ハムやパプリカに代えても。絹さやがなければ、きゅうりやキャベツで代用しましょう。

食べるまでに味がなじみます 朝調理

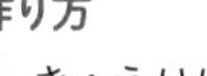

きゅうりの浅漬け

副菜

材料(子ども1食分)

- きゅうり……⅕本(20g)
- A 酢……小さじ⅛
- A 塩……少々

作り方

1 きゅうりは5㎜厚さの小口切りにしてボウルに入れ、Aを加えてさっと混ぜる。

つくりおきの遠足べんとう

主菜のロールささみと副菜のきんぴらは時間に余裕のある日に
つくりおきしておくと朝が楽ちん。
のり巻きは、ラップで巻くだけなのでおにぎりよりも簡単です。

のり巻き(かにかまたくあん)

のり巻き(卵きゅうり)

くだもの ➡P56

つくりおき
ロールささみ

つくりおき
コロコロきんぴら

MENU

- つくりおき
- ・ロールささみ
- ・コロコロきんぴら
- 朝調理
- ・のり巻き2種類
  (卵きゅうり、かにかまたくあん)
- ・くだもの

彩りよく！ つくりおき

ロールささみ

材料(大人2人分+子ども1人分)

鶏ささみ……6本(300g)
いんげん……6本(48g)
にんじん……$\frac{1}{5}$本(30g)

A［粉チーズ……小さじ2
　 塩……小さじ$\frac{1}{4}$

作り方〈つくりおき〉

1 ささみは筋を取り、薄くたたいてのばす。いんげんは半分に切り、にんじんは細切りにする。

2 ささみにAを等分にふり、いんげん、にんじんを等分にのせてくるくる巻く。

3 耐熱皿にのせてラップをふんわりかけ、電子レンジで5分ほど加熱する。粗熱がとれたら、$\frac{1}{3}$量ずつ冷蔵(または冷凍)する。

冷凍 2週間

冷蔵 3日

作り方〈当日〉

1 ロールささみはラップをふんわりかけ、電子レンジで加熱する。

【加熱時間】
冷蔵 1分10秒
冷凍 1分～1分30秒

2 粗熱がとれたら食べやすく切る。

秋が旬の根菜で作ります つくりおき

コロコロきんぴら

材料(大人2人分+子ども1人分)

さつまいも……$\frac{1}{3}$本(60g)
れんこん……$\frac{1}{3}$本(60g)
ごぼう……$\frac{1}{3}$本(60g)
ごま油……大さじ$\frac{1}{2}$

A［水……$\frac{1}{2}$カップ
　 めんつゆ(3倍濃縮タイプ)……大さじ1と$\frac{1}{2}$
　 砂糖……小さじ$\frac{1}{2}$

白すりごま……大さじ1

作り方〈つくりおき〉

1 さつまいも(皮つき)、れんこんは1㎝厚さのいちょう切り、ごぼうは7～8㎜厚さの短めの斜め切りにする。それぞれ5分ほど水にさらして水気をきる。

2 フライパンにごま油を熱し、1を3～4分炒める。油がまわったらAを加え、煮立ったら弱火にして10分ほど炒め煮にする。やわらかくなったらすりごまを加えてさっとからめる。粗熱がとれたら、冷蔵(または冷凍)する。

冷凍 2週間　冷蔵 3日

作り方〈当日〉

1 コロコロきんぴらはラップをふんわりかけ、電子レンジで加熱する。

【加熱時間】
冷蔵 50秒
冷凍 1分ほど

赤じそふりかけを混ぜてグンと華やかに 朝調理

のり巻き2種類(卵きゅうり、かにかまたくあん)

材料(大人2人分+子ども1人分)

温かいごはん……480g(約1.5合分)
焼きのり……4枚

●卵きゅうり
卵……1個
塩……少々
サラダ油……小さじ1
きゅうり……$\frac{1}{2}$本(50g)
赤じそふりかけ……小さじ2

●かにかまたくあん
たくあん……20g
かに風味かまぼこ……4本(50g)

作り方

1 卵は溶きほぐし、塩を加えて混ぜる。フライパンにサラダ油を熱し、卵液を流し入れて、箸で混ぜながら1～2分炒めていり卵を作る。

2 きゅうりは縦4等分に切る。たくあんは5㎜幅の細切りにする。かにかまは食べやすく裂く。焼きのりは半分に切る。

3 ごはんの半量に赤じそふりかけを混ぜる。

4【卵きゅうり】焼きのり$\frac{1}{2}$枚は長い辺を手前におき、3のごはん$\frac{1}{4}$量を広げ、きゅうりといり卵を$\frac{1}{4}$量ずつのせ、手前からくるくる巻いてラップで包み、なじませる。あと3本作り、食べやすく切る。

5【かにかまたくあん】焼きのり$\frac{1}{2}$枚にごはん$\frac{1}{4}$量を広げ、かにかまとたくあんを$\frac{1}{4}$量ずつのせ、手前からくるくる巻いてラップで包み、なじませる。あと3本作り、食べやすく切る。

のり巻きバリエーション

のり巻きは具をかえればバリエ豊富

のり巻きのごはんは酢を混ぜて酢飯にしても◎。酢飯は、酢大さじ1と$\frac{1}{2}$、砂糖小さじ2、塩小さじ$\frac{1}{4}$を混ぜ、温かいごはん480gに加えてさっと混ぜて。具はほかにも、ツナマヨや甘辛焼肉もおすすめです。

ツナマヨのり巻き

材料と作り方(4本分)

1 ツナ1缶(70g)は汁気をきり、マヨネーズ大さじ1と$\frac{1}{2}$を混ぜる。

2 焼きのり2枚を半分に切り、温かいごはん240gを等分に広げ、1のツナマヨを$\frac{1}{4}$量ずつのせて巻く。あと3本作り、食べやすく切る。

甘辛焼肉のり巻き

材料と作り方(4本分)

1 豚こま切れ肉80gは小さく切ってフライパンで炒める。しょうゆ、酒、みりん各大さじ$\frac{1}{2}$、砂糖小さじ$\frac{1}{2}$、白いりごま少々を加えて汁気がなくなるまで炒める。

2 焼きのり2枚を半分に切り、温かいごはん240gを等分に広げ、1の甘辛焼肉を$\frac{1}{4}$量ずつのせて巻く。あと3本作り、食べやすく切る。

つくりおきのクリスマスべんとう

冬の定番・雪だるまをおにぎりで、サンタクロースをはんぺんとかにかまで作ります。ローストチキンの代わりにチキンソテーをつくりおき。クリスマスカラーの赤と緑を入れるのがポイントです。

つくりおき チキンソテー

つくりおき にんじんとパプリカのマリネ

はんぺんサンタ

ブロッコリーツリー

雪だるまおにぎり

MENU

つくりおき
- ・チキンソテー
- ・にんじんとパプリカのマリネ

朝調理
- ・雪だるまおにぎり
- ・はんぺんサンタ
- ・ブロッコリーツリー

シンプルな塩味だから食べやすい　つくりおき

チキンソテー

材料（子ども3食分）

- 鶏もも肉……$\frac{1}{2}$枚（150g）
- 塩……少々
- オリーブ油……小さじ1

作り方〈つくりおき〉

1 鶏肉は食べやすく切って塩をふる。

2 フライパンにオリーブ油を熱し、鶏肉を皮目を下にして焼く。焼き色がついたら返し、弱火にして2～3分焼く。粗熱がとれたら$\frac{1}{3}$量ずつ冷蔵（または冷凍）する。

冷凍 2週間

冷蔵 3日

作り方〈当日〉

1 チキンソテー（1食分）はラップをふんわりかけ、電子レンジで加熱する。

【加熱時間】
冷蔵 50秒ほど
冷凍 1分ほど

はちみつの甘みがやさしい　つくりおき

にんじんとパプリカのマリネ

副菜

材料（子ども3食分）

- にんじん……$\frac{1}{4}$本（50g）
- パプリカ（黄）……$\frac{1}{3}$個（50g）
- A
  - オリーブ油……小さじ2
  - 酢、はちみつ……各小さじ1
  - 塩……少々

作り方〈つくりおき〉

1 にんじんは5㎜厚さの輪切りにして星型で抜く。パプリカは星型で抜く。にんじん、パプリカは一緒に3分ほどゆでる。

2 ボウルにAを混ぜ、**1**を加えてさっと和える。$\frac{1}{3}$量ずつ冷蔵（または冷凍）する。

冷凍 2週間　冷蔵 3日

作り方〈当日〉

1 にんじんとパプリカのマリネ（1食分）はラップをふんわりかけ、電子レンジで加熱する。

【加熱時間】
冷蔵 20秒ほど
冷凍 30秒ほど

のりやハム、にんじんをつけて完成！　朝調理

雪だるまおにぎり

主食

材料（子ども1食分）

- 温かいごはん……120g
- かに風味かまぼこ、にんじん、ハム、焼きのり……各適量

作り方

1 かにかまは細く裂く。にんじんはゆでて鼻の形に、ハムはボタンの形に、のりは目と口の形に切る。

2 ごはんは3等分して俵形ににぎる。

3 のりを目と口、にんじんを鼻、かにかまをマフラー、ハムをボタンに見立てて、**2**につける。

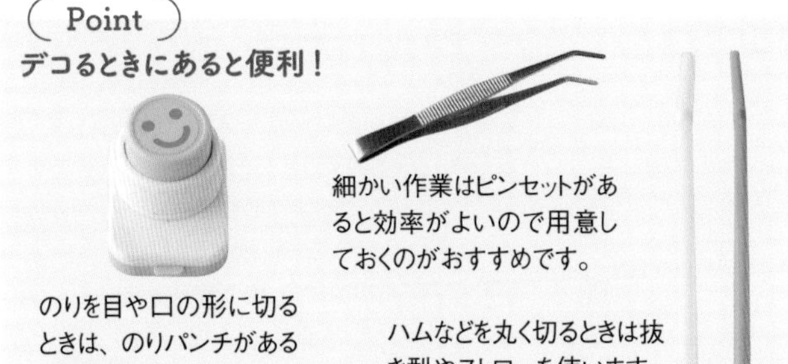

Point
デコるときにあると便利！

のりを目や口の形に切るときは、のりパンチがあると便利です。

細かい作業はピンセットがあると効率がよいので用意しておくのがおすすめです。

ハムなどを丸く切るときは抜き型やストローを使います。

かわいいサンタさんを作りましょう！　朝調理

はんぺんサンタ

副菜

材料（子ども1食分）

- はんぺん……$\frac{1}{8}$枚（15g）
- かに風味かまぼこ……1本（12g）
- 黒ごま……2粒
- スライスチーズ……$\frac{1}{8}$枚

作り方

1 はんぺんは底辺3㎝、高さ4㎝ほどの三角形に切り、厚みを半分にする。かにかまは赤い部分を取り、白い部分を細くさく。チーズはひげの形と、小さな丸に切る（丸はストローや抜き型で抜く）。

2 はんぺんの上半分に赤いかにかまを巻きつけ、その下部分に白いかにかまをのせる。黒ごまを目に、チーズをひげに見立ててつけ、帽子の先端に丸く抜いたチーズをのせる。

ブロッコリーを雪が降った木に見立てて　朝調理

ブロッコリーツリー

副菜

材料（子ども1食分）

- 冷凍ブロッコリー（P60）……3房（30g）
  ※市販の冷凍ブロッコリーを使用してもOK!
- スライスチーズ……$\frac{1}{6}$枚
- ハム……$\frac{1}{8}$枚

作り方

1 ブロッコリーはラップをふんわりかけて、電子レンジで30秒加熱する。

2 チーズ、ハムは丸く切り（ストローや抜き型で抜く）、**1**にのせる。

食材別さくいん

野菜・野菜加工品・いも・きのこ の続き

著者 **新谷友里江**（にいや ゆりえ）
料理家・管理栄養士
祐成陽子クッキングアートセミナー卒業後、同校講師、料理家祐成二葉氏のアシスタントを経て独立。書籍・雑誌・広告などのレシピ開発・フードスタイリング・フードコーディネートを中心に活躍中。二児の母として、離乳食や幼児食、子ども向けメニューの開発にも力を入れている。著書に『まとめて作ってすぐラクごはん♪ つくりおき幼児食 1歳半〜5歳』（西東社）など多数。

料理アシスタント	梅田莉奈、今牧美幸、小林梨沙、小柳まどか、城下真未子
アートディレクション・デザイン	宮代佑子（フレーズ）
撮影	原ヒデトシ
スタイリング	深川あさり
イラスト	梶浦ゆみこ
DTP	仲村祐香（フレーズ）
校正	濱口静香
編集協力	平山祐子

はじめてでもかんたん！ 朝ラク♪
つくりおき園児のおべんとう

著　者	新谷友里江
発行者	若松和紀
発行所	株式会社 西東社
	〒113-0034　東京都文京区湯島2-3-13
	https://www.seitosha.co.jp/
	電話　03-5800-3120（代）

※本書に記載のない内容のご質問や著者等の連絡先につきましては、お答えできかねます。

ISBN 978-4-7916-3181-0